物流成本控制与管理研究

孙煊卿 姜晖 赵婷 著

哈尔滨出版社
HARBIN PUBLISHING HOUSE

图书在版编目(CIP)数据

物流成本控制与管理研究 / 孙煊卿,姜晖,赵婷著
. — 哈尔滨:哈尔滨出版社,2023.7
ISBN 978-7-5484-7429-6

Ⅰ.①物… Ⅱ.①孙…②姜…③赵… Ⅲ.①物流管理-成本管理 Ⅳ.①F253.7

中国国家版本馆 CIP 数据核字(2023)第 138965 号

书　　名:物流成本控制与管理研究
WULIU CHENGBEN KONGZHI YU GUANLI YANJIU

作　　者:孙煊卿　姜　晖　赵　婷　著
责任编辑:滕　达
装帧设计:钟晓图

出版发行:哈尔滨出版社(Harbin Publishing House)
社　　址:哈尔滨市香坊区泰山路 82-9 号　　邮编:150090
经　　销:全国新华书店
印　　刷:三河市嵩川印刷有限公司
网　　址:www.hrbcbs.com
E - mail:hrbcbs@yeah.net
编辑版权热线:(0451)87900271　87900272
销售热线:(0451)87900202　87900203

开　　本:710 mm×1000 mm　　1/16　　印张:10.5　　字数:119 千字
版　　次:2023 年 7 月第 1 版
印　　次:2024 年 1 月第 1 次印刷
书　　号:ISBN 978-7-5484-7429-6
定　　价:68.00 元

凡购本社图书发现印装错误,请与本社印制部联系调换。
服务热线:(0451)87900279

目 录

第一章 物流概述 ······ 1
 第一节 物流的内涵、本质和类型 ······ 1
 第二节 物流系统 ······ 10

第二章 物流成本 ······ 18
 第一节 成本与物流成本 ······ 18
 第二节 物流成本的构成 ······ 30
 第三节 影响物流成本的因素 ······ 33

第三章 物流成本科学管理的途径 ······ 39
 第一节 物流成本预测 ······ 39
 第二节 物流成本核算 ······ 46
 第三节 物流成本控制 ······ 63
 第四节 物流成本决策 ······ 76

第四章 物流成本的系统分析 ······ 88
 第一节 物流作业成本分析 ······ 88
 第二节 物流成本习性分析 ······ 99

第五章 物流成本的日常控制 ······ 110
 第一节 运输成本控制 ······ 110
 第二节 仓储成本控制 ······ 121

第三节　配送成本控制 …………………………………………… 132

第六章　不同环境下的物流成本控制 …………………………………… 146

第一节　电商环境下的物流成本控制 …………………………… 146

第二节　冷链背景下物流成本控制 ……………………………… 155

参考文献 ……………………………………………………………………… 164

第一章 物流概述

第一节 物流的内涵、本质和类型

一、物流的内涵

（一）物流是物品实体的流动

物流的对象只能是可以移动的物品，即动产，而不可能是不动产。而商流的对象则包括动产和不动产。

（二）物流是物品由提供地向接收地的流动

物流不仅是物品实体的流动，而且只能是由提供地向接收地的定向流动。例如，汽车零部件由生产地（提供地）向汽车制造厂、修理厂和汽车配件商（接收地）流动，最终向顾客（最终消费者）流动，而绝不可能倒过来流动。即使是废弃物和退货的流动，也是由废弃物的提供者、退货的顾客（在这里他们是物品的提供者）向接收废弃物或退货的地方流动。换言之，物流的方向性是非常明显的，只能是由提供地向接收地流动。

(三) 物流是若干活动的有机整体

物流包括包装、装卸、搬运、运输、仓储、保管、流通加工和物流信息处理等基本活动,并且是这些活动的有机构成。

(四) 物流具有普遍性

物流具有普遍性是指物流存在于各种产品(包括服务)的生产到消费的全过程,或者存在于社会经济生活的方方面面。

二、物流的本质

物的流动是物流概念的核心内涵。因为物的流动反映了我们对物流这一客观事物(现象)的认识,也是对物流客观事物本质现象的反映。

因此,物流的本质就是物的流动。既然物流的本质是物的流动,因此只要存在物的流动,就必然存在物流。这样,物流存在的领域就非常广泛。根据物流存在的领域不同,可以从自然领域、经济领域和社会领域来认识物流。

(一) 自然物流——存在于自然界的物流

物流现象最早存在于自然界,人们将其称为自然物流。自然物流是宏观物品的流动和微观物质的流动的总称。

自然界中的物(物质)有固体、液体和气体三种基本形态。因此,自然物流可以分为固体物流、液体物流和气体物流。在日常生活中,固体物流是人们见得最多的,其次是液体物流,气体物流比较少。然而在自然界中存在最多的是气体物流,气体物流遍及宇宙。如,风是空气这个气体的物的流动产生的,是大气中由于温度差和气压差形成的大气物流，即气流。大气中 CO_2、SO、NO 等随气流形成的废气物流，都是气体物流。河流中的水从高位流向低位形成水的物流，即水流；雨雪落到地面形成雨雪流；河流中的工业废水、生活废水形成废水流；海水由于温差形成洋流等，都是液体物流。鱼、鸟等动物随季节变换迁徙，植物花粉随风流动形成花粉物流，大气中的沙尘颗粒物物流，黄河中的泥沙物流，雨季时山体崩裂形成的泥石流，火山爆发形成的熔岩流等，都是自然界存在的固体物流。所有这些物流我们统称为自然物流。

物是自然界存在的物，不是经济商品的物；流的动力来源于自然界，而非来源于人类的经济活动；因为不是人类行为，所以不存在任何目的。自然物流可以为人类造福（如水力发电、风力发电、潮汐发电等），也会给人类带来灾难（如水灾、风灾、沙尘暴、酸雨等）。自然物流遵循自然规律。人们对这些物流的自然现象很早就有研究，如大气物理学、水利学等学科都可以说是研究自然物流问题的学科。随着人类活动的影响，自然物流问题以及由此引起的环境生态问题越来越严重，如大气和水中的有害物质的物流造成的危害问题，包括泥石物流问题、沙尘暴物流问题、酸雨物流问题等，都是需要人类加强研究的自然物流问题。

(二) 社会物流——存在于社会领域的物流

社会物流现象是随着人类社会的发展而出现的。自从原始社会有了人类生活消费和农业生产，相关的各种原始物流开始出现。生活物流及其废弃物物流是人类自身生存发展需要的行为，没有任何经济目的，是任何社会都不可缺少的社会物流。古代和现代社会中也存在其他的社会物流，如古代中国人建造万里长城的建筑物流，现代受灾地区的救灾物流，贫困地区救济物资的物流，军事活动中为保证军事任务完成所需要的军需品的即时供应物流等。上述这些物流是一种为满足人类自身生存发展需要和社会服务需要的非营利性的社会行为，可以把上述这些物流统称为社会物流。

社会物流的特点：物是自然界存在的物和经济商品，流的动力来自人类的社会活动，是非营利性的社会行为。它遵循自然规律和社会发展规律。随着人类社会的发展，社会物流问题越来越重要，越来越受到各个国家的关注，因为社会物流问题解决不好，就会影响国家的安全和社会的安定。对社会物流问题进行很好的研究，是物流科学技术研究很重要的组成部分。

(三) 经济物流

存在于经济领域的物流是经济物流，是在自然物流和社会物流之后出现的。自从农业社会生产发展有了商品交换和社会分工以后，由于经济发展的需要，经济物流随之而发展。但是，当时生产力发展水平较低，物流规模不大。进入工业社会，蒸汽机等一系列发明促使生产力水平迅速提高，物流规模随之扩大，同时新技术和新发明应用于轮船、火车等运输工具，解决了物流需要大量运力的问题，因此，经济物流得到很大发展。今天，特别是经济全球化的日益发展，对物流提出了越来越高的要求，经济物流越来越受到人们的重视。经济物流涉及的范围非常广泛，只要是经济领域中的物流活动，如各产业、各部门、各行业物流，原材料的生产、销售和供应物流，产成品和半成品的生产、销售和供应物流，回收物流、生产废弃物物流、退货物流、地区物流、区外物流、国家物流、国际物流等，都可以把它们叫作经济物流。经济物流是人类经济行为的重要组成部分。物是经济商品的物，流的动力来自人类的经济活动，是有营利目的的经济行为。经济物流主要遵循经济规律。国内外研究最多的物流就是这种物流。

综上所述，"物流"这个名词虽然从表面看是由物与流两个字组成的，可以理解为"物的流动"，但实质上它是对自然领域、社会领域和经济领域存在的无数"物的流动"的客观事物本质现象的描述和反映。因此，中国提出的物流概念"物的流动"是一个科学的物流概念，不仅适用于经济领域，同样适用于自然领域和社会领域。

三、物流的类型

（一）按照系统的性质分类

物流是一个系统工程，按照物流系统所涉及的范围的不同，可以将物流分成以下三种类型。

1. 社会物流

社会物流也称为宏观物流或大物流，它是对全社会物流的总称，一般指流通领域所发生的物流。社会物流的一个标志是，它伴随商业活动（贸易）而发生，也就是说社会物流的过程和所有权的更迭是相关的。当前，物流科学的研究重点之一就是社会物流，因为社会物资流通网络是国民经济的命脉，流通网络分布的合理性、渠道是否畅通等对国民经济的运行有至关重要的影响，必须进行科学管理和有效控制，采用先进的技术手段，才能保证建立高效能、低运行成本的社会物流系统，从而带来巨大的经济效益和社会效益。这也是物流科学受到高度重视的主要原因。

2. 行业物流

同一行业中所有企业的物流称为行业物流。行业物流往往促使行业中的企业互相协作，共同促进行业的发展。例如日本的建筑机械行业，提出了行业物流系统化的具体内容，包括有效利用各种运输手段，建设共同的机械零部件仓库；实行共同集约化配送，建立新旧建筑设备及机械零部件的共用物流中心；建立技术中心，以共同培训操作人员和维修人员；统一建筑机械的规格；等等。目前，国内许多行业协会正在根据本行业的特点，提出自己的行业物流系统化标准。

3. 企业物流

企业物流是指在企业范围内进行相关的物流活动的总称。企业物流包括企业日常经营生产过程中涉及的生产环节，如原材料的购进、产成品的销售、商品的配送等都是属于企业物流。企业物流系统主要有两种结构形式：一种是水平结构，一种是垂直结构。

（1）水平结构

根据物流活动发生的先后次序，从水平的方向上可以将企业的物流活动划分为供应物流生产物流、销售物流和回收与废弃物物流四个部分。

（2）垂直结构

企业物流的垂直结构主要可以分为管理层、控制层和作业层三个层次。物流系统通过这三个层次的协调、配合，实现其总体功能。

管理层的任务是对整个物流系统进行统一的计划、实施和控制，包括物流系统战略规划、系统控制和成绩评定,以形成有效的反馈约束和激励机制。

控制层的任务是控制物料流动过程,主要包括订货处理与顾客服务、库存计划与控制、生产计划与控制、用料管理、采购等。

作业层的任务是完成物料的时间转移和空间转移,主要包括发货与进货运输以及厂内装卸搬运包装、保管、流通加工等。

(二) 按照活动的空间范围分类

按照物流的空间范围的不同,可以将物流分成以下三种类型。

1. 地区物流

地区有不同的划分原则。例如,按行政区域划分,有西南地区、华北地区等;按经济圈划分,有苏锡常经济圈、黑龙江边境贸易区等;按地理位置划分,有长江三角洲地区、河套地区等。地区物流系统对于提高该地区企业物流活动的效率、保障当地居民的生活环境,具有重要作用。研究地区物流应根据地区的特点,从本地区的利益出发组织好物流活动。例如,某城市建设一个大型物流中心,显然这对于当地物流效率的提高、降低物流成本、稳定物价是很有作用的,但是也会由于供应点集中、载货汽车来往频繁,而引起废气、噪声、交通事故等消极问题。因此物流中心的建设不单是物流问题,还要从城市建设规划、地区开发计划出发统一考虑,妥善安排。

2. 国内物流

国家或相当于国家的拥有自己的领土和领空权力的政治经济实体,所制定的各项计划、法令政策都应该是为其整体利益服务的。所以物流作为国民经济的一个重要方面，一般也都纳入国家总体规划的内容。全国物流系统的发展必须从全局着眼，对于部门和地区分割所造成的物流障碍应该清除。在物流系统的建设投资方面也要从全局考虑，使一些大型物流项目能尽早建成，从而能够更好地为国家整体经济的发展服务。

3. 国际物流

全球经济一体化，使国家与国家之间的经济交流越来越频繁，国家之间、洲之间的原材料与产品的流通越来越发达，不置身于国际经济大协作的交流之中，本国的经济技术便很难得到良好的发展。因此，研究国际物流已成为物流研究的一个重要分支。

（三）按照作用分类

企业物流活动几乎渗入到所有的生产活动和流通管理工作中，对企业的影响十分重要。按照物流在整个生产制造过程中的作用来看，物流可以分为：供应物流，主要指原材料等生产资料的采购、运输、仓储和用料管理等生产环节；生产物流，主要指生产计划与控制，厂内运输（装卸搬运），在制品仓储与管理等活动；销售物流，主要指产成品的库存管理，仓储发货运输，订货处理与顾客服务等活动；回收物流与废弃物物流，包括废旧物资，如边角余料的回收利用，各种废弃物的处理等。

1. 供应物流

所谓的供应物流就是物资从生产者、持有者至使用者之间的物质流通，即生产企业、流通企业或消费者购入原材料、零部件或商品的物流过程。其对于生产型企业而言，是指对生产活动所需要的原材料、备品备件等物资的采购供应所产生的物流活动；对于流通领域而言，是指从买方角度出发的交易行为所发生的物流活动。企业的流动资金大部分是被购入的物资材料及半成品等所占用的，因此，供应物流的严格管理及合理化对于企业的成本控制有重要影响。

2. 生产物流

生产物流是指从工厂的原材料购进入库起，直到工厂成品库的成品发送为止的这一过程的物流活动。生产物流是制造型企业所特有的物流过程，它和生产加工的工艺流程同步。原材料、半成品等按照工艺流程在各个加工点之间不停地移动、流转，形成了生产物流。如生产物流中断，生产过程也将随之停顿。生产物流合理化对工厂的生产秩序、生产成本有很大的影响。生产物流均衡稳定，可以保证在制品的顺畅流转和设备负荷均衡，压缩在制品的库存，缩短生产周期。

3. 销售物流

销售物流是指物资的生产者或持有者至用户或消费者之间的物流活动，即生产企业、流通企业售出产品或商品的物流过程。其对于生产型企业而言，是指生产出的产成品的销售活动发生的物流活动；对于流通领域，是指交易活动中从卖方角度出发的交易行为的物流。通过销售物流，生产企业得以回收资金，进行再生产的活动；流通企业得以实现商品的交换价值，获取差价收益。销售物流的效果直接关系到企业的存在价值是否被市场消费者认可，销售物流所产生的成本会在产品或商品的最终价格中得以体现。因此，在市场经济中为了增强企业的竞争能力，销售物流的合理化改进可以立即收到明显的市场效果。

4. 回收物流

在生产及流通活动中，有一些材料是要回收并加以再利用的。例如，作为包装容器的纸箱、塑料框、酒瓶等；又如，建筑行业的脚手架等也属于这一类物资。还有其他杂物可进行回收分类后的再加工，如旧报纸、书籍可以通过回收、分类制成纸浆加以利用；特别是金属的废弃物，由于具有良好的再生性，可以回收重新熔炼成为有用的原材料。回收物流品种繁多，流通渠道不规则且多有变化，因此管理和控制的难度较大。

5. 废弃物物流

生产和流通系统中所产生的无用的废弃物，如开采矿山时产生的土石、炼钢生产中的钢渣、工业废水以及其他一些无机垃圾等，已无再利用的价值。但如果不对这些废弃物进行妥善处理，会造成环境污染，就地堆放会占用生产用地以至妨碍生产。对这类物资的处理过程就产生了废弃物物流。废弃物物流没有经济效益，但是具有不可忽视的社会效益。为了减少资金消耗，提高效率，更好地保障生活和生产的正常秩序，对废弃物物流合理化的研究是十分必要的。

第二节 物流系统

一、物流系统的含义和特点

物流系统是指在一定的时间和空间里，由所需输送的物料和包括相关设备、输送工具、仓储设备、人员以及通信联系等若干相互制约的动态要素构成的具有特定功能的有机整体。

物流系统的特点主要如下。

(1) 物流系统是一个大跨度系统，反映在两个方面：一是地域跨度大；二是时间跨度大。

(2) 物流系统稳定性较差而动态性较强。

(3) 物流系统属于中间层次系统范围，本身具有可分性，可以分解成若干个子系统。

(4) 物流系统的复杂性使系统结构要素间有非常强的"背反"现象，常称之为"交替损益"或"效益背反"现象，处理时稍有不慎就会出现系统总体恶化的结果。

物流系统由"物流作业系统"和支持物流信息流动的"物流信息系统"两大部分组成。

二、物流系统的目标

（一）服务目标

物流系统是"桥梁、纽带"作用的流通系统的一部分，它具体地联结着生产与再生产、生产与消费，因此要求有很强的服务性。物流系统采取送货、配送等形式，就是其服务性的体现。

（二）快速、及时的目标

及时性不但是服务性的延伸，也是流通对物流提出的要求。快速、及时既是一个传统目标，更是一个现代目标。随着社会大生产的发展，这一要求更加强烈了。在物流领域采取的诸如直达物流、联合一贯制运输、高速公路、时间表系统等管理和技术，就是这一目标的体现。

（三）节约目标

节约是经济领域的重要规律，在物流领域中除流通时间的节约外，由于流通过程消耗大而又基本上不增加或提高商品使用价值，所以利用节约来降低投入，是提高相对产出的重要手段。

（四）规模化目标

人们以物流规模作为物流系统的目标，以此来追求"规模效益"。由于物流系统比生产系统的稳定性差，因而难以形成标准的规模化格式。在物流领域以分散或集中等不同方式建立物流系统，研究物流集约化的程度，就是规模化这一目标的体现。

（五）库存调节目标

库存调节是服务性的延伸，也是宏观调控的要求，当然，也涉及物流系统本身的效益。在物流领域中正确确定库存方式、库存数量、库存结构、库存分布就是这一目标的体现。

三、物流系统的构成

物流系统是由运输、仓储、装卸搬运、包装、流通加工、配送与配送中心和物流信息各子系统构成的。

（一）运输

1. 运输的含义和地位

运输是用设备和工具，将物品从一地点向另一地点运送的物流活动。其中包括集货分配搬运、中转、装入、卸下、分散等一系列操作。运输的任务是对物资进行较长距离的空间移动,因此,运输是物流的主要功能要素之一;运输是社会物质生产的必要条件之一;运输可以创造"场所效用";运输是"第三个利润源"的主要源泉。

2. 运输方式及特点

(1) 公路运输

公路运输是最普及的一种运输方式,最大优点是空间和时间方面具有充分的自由性,投资少,机动灵活,货物送达速度快,货物无须换装就可直达指定地点,不受线路和停车站的约束,可以门到门运输。只要没有特别的障碍,汽车都可以到达。但其成本高、载运量小、耗能大、劳动生产率低。公路运输的经济半径一般在200千米以内。

(2) 铁路运输

铁路运输是陆地上长距离运输的主要方式。其运输量大、速度快、运距长、连续性强、受自然条件影响较小、公害小、成本比较低。大宗货物的长途运输主要依靠铁路。铁路运输车辆主要是机车和货车车厢。铁路运输一直是我国运输事业的骨干运输方式。铁路运输的经济里程一般在200千米以上。

(3) 水路运输

水路运输是使用船舶及其他水上工具通过河道、海上航道运送货物的一种运输方式。水路运输又可分海运和内河运输,海运又有沿海和远洋运输两种。水路运输有运载量大、运费低、耗能少、投资省,可不占或少占农田等优越性;但受自然条件限制,水路运输又有连续性差、速度慢、联运货物要中转换装等不利因素,延缓了货物的送达速度,也增加了货损、货差。水路运输适合承担运量大、运距长的大宗货物。

（4）航空运输

航空运输运行速度最快，航线最直，适合长距离运输，但运费高、运量小、耗能大、受服务网点限制。我国目前的航空运输线只能负担各大城市和国际交流，旅客运输，报刊邮件和急迫、鲜活、贵重物资的运输。航空运输速度一般在 800 千米/小时左右，是陆上运输速度的 10 倍，是海上运输速度的 20 倍左右。

（5）管道运输

管道运输具有大量不间断运送、安全可靠、运输能力大、维护比较容易、自动化水平高、投资省、占地少、经济合理、一般受自然条件影响小等技术经济特点，在液体、气体运输中占有很大的优势。目前，我国的管道运输主要用于输送石油、天然气、煤气等。

（二）仓储

仓储就是在特定的场所对物品进行保存及对其数量、质量进行管理控制的活动。其目的是克服产品生产与消费在时间上的差异，使物资产生时间效果，以实现其使用价值。

（三）装卸搬运

装卸搬运是指在同一地域范围内进行的，以改变物品的有效形态和空间位置为主要内容和目的的活动，具体包括装上、卸下、移动、拣选分类、堆垛、入库、出库等活动。装卸搬运作业由堆放拆垛作业、配货作业、搬送和移送作业以及其他作业构成。装卸搬运作业合理化的原则主要有：①省力化原则；②消除无效搬运；③提高搬运灵活性；④合理利用机械；⑤保持物流的均衡顺畅；⑥集装单元化原则；⑦人性化原则；⑧提高综合效率。

（四）包装

包装是物流系统的环节之一。包装是指为了在流通过程中保护产品，方便储运，促进销售，按照一定技术方法而采用的容器、材料以及辅助物的总体名称。包装在物流中的地位与作用：一是生产的终点，流通的起点；二是保护产品，方便储运，促进销售；三是影响物流成本；四是方便消费。

按照功能的不同，可把包装分为工业包装和商业包装。工业包装是指以保护运输和保管过程中的物品为主要目的的包装，也称之为运输包装，相当于外装（包含内装）。商业包装是指以促进商品销售为主要目的的包装，其本身构成商品的一部分，也称作零售包装或消费包装。

包装主要通过包装的轻薄化、包装的单纯化、符合集装单元化和标准化的要求、包装的机械化与自动化，注意与其他环节的配合，有利于环保来实现包装合理化。

（五）流通加工

流通加工是物品从生产地到使用地的过程中，根据需要施加包装、分割、计量、分拣、刷标志、拴标签组装等简单作业的总称。流通加工的特点是：

（1）流通加工的对象是进入流通过程的商品，而生产加工的对象是原材料、零配件及半成品。

（2）流通加工大多是简单加工，而不是复杂加工。

(3) 从价值观点看，生产加工的目的在于创造价值及使用价值，而流通加工的目的则是在完善其使用价值并在不做大的改变的情况下提高价值。

(4) 流通加工由从事流通工作的人在流通企业完成，而生产加工则由生产企业完成。

流通加工的目的是增加附加价值，例如方便运输、方便用户和方便综合利用。流通加工的形式有钢材剪切流通加工，水泥流通加工，玻璃流通加工，自行车、助力车流通加工，服装、书籍流通加工，水产品、肉类、蔬菜、水果等食品流通加工，酒类流通加工等。

(六) 配送与配送中心

1. 配送

配送是在经济合理的区域范围内，根据用户要求，对物品进行拣选、加工、包装、分割、组配等作业，并按时送达指定地点的物流活动。它是拣选、包装、加工、组配、配置、配备、送货等各种物流活动的有机组合，不是一般性的企业之间的供货和向用户的送货。与运输相比，配送更直接地面向并靠近用户。配送完善了输送及整个物流系统，方便了用户，提高了供应保证程度和末端物流的经济效益，并可使企业实现零库存。

2. 配送中心

配送中心是指从事配送业务的物流场所或组织。其实质是集集货中心、分货中心和流通加工中心于一体的现代化的物流基地。配送中心的功能是集货、储存、分货和配货。配送中心的工作流程主要是：进货→

集货→储存→分拣→配送→分类→车辆配送→送货→用户。

(七) 物流信息

物流信息是反映物流各种活动内容的知识、资料、图像、数据、文件的总称。有的将物流活动进行中必要的信息称为物流信息。物流信息系统是物流企业针对环境带来的挑战而做出的基于信息技术的解决方案，它是物流企业按照现代管理思想、理念，以信息技术为支撑所开发的信息系统。它具有集成化、模块化、实时化、网络化、智能化的特点。物流信息系统的基本功能是：数据的收集和录入、信息的存储、信息的传播、信息的处理和信息的输出。

第二章　物流成本

第一节　成本与物流成本

一、成本的含义和作用

成本的经济实质，即成本概念有经济学成本概念和会计学成本概念之分。经济学成本概念，通常包括传统的生产成本、边际成本和机会成本，现代的交易成本、代理成本和信息成本。会计学成本概念可以分为三个层次。第一个层次为成本的基本概念，即成本的理论概念，它是成本现实概念的抽象和概括，表达了成本的经济内涵，体现了成本最本质的属性。第二个层次是财务成本概念，它是以产品为对象形成的，通过各种财务成本概念，正确计算各种产品成本，并进行成本考核和分析。第三个层次则是管理成本概念，它是以成本决策为中心建立的，通过各种管理成本概念，进行成本预测和决策，并加强成本控制。有了这三个层次的成本概念，也就形成了成本的整个概念体系。各项成本概念代表了各自的特定内容，按照它们的内在联系汇合在一起，全面反映了现代成本管理这门科学的研究对象，是研究现代成本管理这门科学的起点。

1. 成本的概念

成本是企业为生产商品和提供劳务等所耗费物化劳动、活劳动中必要劳动的价值的货币表现，是商品价值的重要组成部分。它具有以下几个方面的含义。

第一，成本是生产和销售一定种类与数量的产品，以货币计量的耗费资源的经济价值。企业进行产品生产需要消耗生产资料和劳动力，这些消耗在成本中用货币计量，就表现为材料费用、折旧费用、工资费用等。企业的经营活动不仅包括生产，也包括销售活动，因此在销售活动中所发生的费用，应计入成本。为了管理生产所发生的费用，也应计入成本。同时，为了管理生产经营活动所发生的费用也具有形成成本的性质，同样应计入成本。

第二，成本是为取得物质资源所需付出的经济价值。企业为进行生产经营活动，购置各种生产资料或采购商品而支付的价款和费用，就是购置成本或采购成本。随着生产经营活动的不断进行，这些成本就转化为生产成本和销售成本。

第三，成本是为达到一定目的而付出或应付出资源的价值牺牲，它可用货币单位加以计量。

第四，成本是为达到一种目的而放弃另一种目的所牺牲的经济价值。

2. 财务成本

财务成本是指按照国家规定的成本核算办法进行核算，并在企业账面上反映的成本，也叫账面成本。财务成本的概念体系主要围绕产品成本来建立，它以产品为对象形成了各种不同的成本概念，反映了产品成本的各种不同内容，由国家用统一会计制度的形式加以规定核算方法和内容。财务成本实际上是一种制度成本，由于国家对产品成本有着不同的要求，因此，各个时期的会计制度对产品成本规定的核算方法和内容也不相同，目的主要是正确计算产品成本和利润、税金，编制对外会计报表。

3. 管理成本

管理成本则是为了企业内部管理和经营决策的需要，在财务成本的基础上根据不同的要求，采用不同的方法通过加工换算后的成本，也叫决策成本或分析成本。企业着眼于加强企业内部经济管理的需要，自行决定核算方法和内容，也不一定按照以产品为对象进行核算。管理成本范围广，按照管理目的要求的不同，有着不同的分类标志。管理成本的概念体系是以成本决策为中心形成的，它从决策的角度反映了各种成本的特点，从而为人们进行成本控制提供依据。

4. 成本在经济活动中的作用

成本在经济活动中有着重要的作用，具体有以下几个方面。

（1）成本是补偿生产耗费的尺度

企业为了保证再生产的不断进行，必须对生产耗费，即资金耗费进行补偿。企业是自负盈亏的商品生产者和经营者，其生产耗费需用自身的生产成果，即销售收入来补偿，维持企业再生产按原有规模进行。而成本就是衡量这一补偿份额大小的尺度。

（2）成本是制定产品价格的基础

产品价格是产品价值的货币表现。但在现阶段，人们还不能直接地准确计算产品的价值，而只能计算成本。成本作为价值构成的主要组成部分，其高低能反映产品价值量的大小，因而产品的生产成本成为制定产品价格的重要基础。也正是如此，需要正确地核算成本，才能使价格最大限度地反映社会必要劳动的消耗水平，从而接近价值。当然，产品的定价是一项复杂的工作，还应考虑其他因素，如国家的价格政策及其他经济政策法令、产品在市场上的供求关系及市场竞争的态势等等。

（3）成本是计算企业盈亏的依据

企业只有当其收入超出其为取得收入而发生的支出时，才有盈利。成本也是划分生产经营耗费和企业纯收入的依据。因为成本规定了产品出售价格的最低经济界限，在一定的销售收入中，成本所占比例越低，企业的纯收入就越多。

（4）成本是企业进行决策的依据

企业要努力提高其在市场上的竞争能力和经济效益，首先必须进行正确可行的生产经营决策，而成本就是其中十分重要的一项因素。成本作为价格的主要组成部分，其高低是决定企业有无竞争能力的关键。因为在市场经济条件下，市场竞争在很大程度上就是价格竞争，而价格竞争的实际内容就是成本竞争。企业只有努力降低成本，才能使自己的产品在市场中具有较高的竞争能力。

（5）成本是综合反映企业工作业绩的重要指标

企业经营管理中各方面工作的业绩，都可以直接或间接地在成本上反映出来，如产品设计好坏、生产工艺合理程度、产品质量等级、费用开支大小、产品产量增减以及各部门各环节的工作衔接协调状况等等。正因如此，可以通过对成本的预测、决策、计划、控制、核算、分析和考核等来促使企业加强经济核算，努力改善管理，不断降低成本，提高经济效益。

二、物流成本

（一）物流成本的含义

日本神奈川大学教授（唐泽丰）最先对物流成本进行定义，研究者认为物流成本是为了实现物体流动活动而产生的人力和资源的消耗，其主要体现为货币的消耗，包括三个方面：①为了使货物发生位移而产生的物料消耗；②为了货物位置移动而产生的信息交流、信息传递等的费用；③为了保证物流活动的正常进行而产生的费用。

物流成本是产品在包装、装卸、运输、储存、流通加工等各个活动中所支出的人力、财力和物力的总和。物流成本包括：一方面是直接在物流环节中产生的支付给劳动力的成本、耗费在机器设备上的成本，以及支付给外部第三方的成本；另一方面包括在物流环节中因持有存货等情况产生的潜在成本，如占有资金成本、保险费等。

（二）物流成本的类型

1. 企业物流成本

目前对物流成本的分类方法有许多，按不同的标准和要求，企业物流成本有不同的分类。企业物流成本分类的主要目的有两个：一是满足物流成本计算的要求；二是满足物流成本管理的要求。下面具体介绍企业物流成本的分类。

(1) 按物流成本计入成本对象的方式分类

物流成本按其计入成本对象的方式，可分为直接物流成本和间接物流成本。这种分类是为了经济、合理地将物流成本归属于不同的物流成本对象。成本对象可以是一件产品、一项服务、一项设计、一个客户、一种商标、一项作业或者一个部门。直接成本是指为某一特定对象所耗费，可以直接计入该成本计算对象的成本。一般情况下，直接材料费和直接人工成本都属于直接成本。间接成本是指由几个成本计算对象共同耗费，需要通过归集并采用一定的方法分配计入各成本计算对象的成本，如小部分直接材料费、直接人工成本和制造费用、期间费用等。

(2) 按物流成本习性进行分类

物流成本习性是指物流成本总额与物流业务量之间的依存关系，可分为固定成本、变动成本和混合成本。

固定成本是指成本总额在一定时期和一定业务量范围内，不受业务量增减变动影响而能保持不变的成本，如按直线法计算的固定资产折旧、管理人员薪酬、机器设备的租金等。

变动成本是指成本总额在相关范围内随着业务量的变动而呈正比例变动的成本，如直接人工成本、直接材料费都是典型的变动成本，在一定期间内它们的成本总额随着业务量的增减而呈正比例变动，但单位产品的耗费则保持不变。

混合成本是指全部物流成本介于固定物流成本和变动物流成本之间，即随物流作业量变动又不与其成正比例变动的那部分成本。在实务中，有很多物流成本项目不能简单地归类为固定物流成本或变动物流成本，如物流设备的日常维修费用、辅助费用等。对于混合成本，可按一定方法将其分解为变动成本和固定成本两部分，并分别划归到变动成本和固定成本中去。

(3) 按经济职能分类

物流成本按其经济职能分类，可以分为运输成本、流通加工成本、仓储成本、包装成本、装卸搬运成本、配送成本等。

运输成本是指在一定时期内，企业为完成货物运输业务而发生的各种耗费；流通加工成本是指在商品从生产者向消费者流通的过程中，为了促进销售、维护商品质量、实现物流的高效率，从而使商品发生形状和性质上的变化，如对商品进行组装加工、分装加工、冷冻加工等操作所发生的各项耗费；仓储成本是指在一定时期内，企业为完成货物存储业务而发生的各种耗费；包装成本是指在一定时期内，企业为完成货物包装业务而发生的各种耗费；装卸搬运成本是指在一定时期内，企业为完成货物装卸搬运业务而发生的各种耗费；配送成本是指配送中心进行商品分拣、组织配货、送货过程中所发生的各项耗费。

(4) 按物流成本的支付形态分类

物流成本按支付形态的不同进行的分类，是以财务会计中发生的费用为基础，首先将物流成本分为企业本身发生的物流费和物流业务外包支付的委托物流费。其中，企业本身发生的物流费又有不同的支付形态，包括固定资产折旧费、材料费、燃料动力费、人工费、利息支出、税金等。

固定资产折旧费包括使用中的固定资产应计提的折旧费和固定资产大维修费。

材料费包括一切材料、包装物、维修用配件和低值易耗品等。

燃料动力费,包括各种固体、液体、气体燃料费,水费,电费等。

人工费是指因人力劳务的消耗而发生的费用,具体包括职工工资、福利、奖金、津贴、补贴、住房公积金、职工劳动保护费、人员保险费、按规定提取的福利基金、职工教育培训费等。

利息支出是指企业应计入财务费用的借入款项的利息支出减去利息收入后的净额。

税金是指应计入企业管理费用的各种税金,如房产税、车船税、城镇土地使用税、印花税等。

(5) 按物流活动发生的范围分类

物流成本按物流活动的范围,可分为供应物流成本、企业内物流成本、销售物流成本、回收物流成本和废弃物物流成本。

第一,供应物流成本。供应物流成本是企业在采购环节所发生的物流费用。具体来说,供应物流成本是指经过采购活动,将企业所需原材料(生产资料)从供给者的仓库运回企业仓库的物流过程中所发生的物流费用。

第二,企业内物流成本。企业内物流成本是货物在企业内部流转所发生的物流费用。具体来说,企业内物流成本是指从原材料进入企业仓库开始,经过出库、制造形成产品以及产品进入成品库,直到产品从成品库出库为止的物流过程中所发生的物流费用。

第三,销售物流成本。销售物流成本是企业在销售环节所发生的物流费用。具体来说,销售物流成本是指为了进行销售,产品从成品仓库运动开始,经过流通环节,直到运输至消费者手中或终端销售点的物流活动过程中所发生的物流费用。

第四，回收物流成本。回收物流成本是指退货、返修物品和周转使用的包装容器等从需方返回供方的物流活动过程中所发生的物流费用。

第五，废弃物物流成本。废弃物物流成本是指将经济活动中失去原有使用价值的物品，根据实际需要进行收集、分类、加工、包装、搬运、储存等，并送到专门处理场所的物流活动过程中所发生的物流费用。

2. 社会物流成本

社会物流成本是一个国家在一定时期内发生的物流总成本。各国通常使用物流成本总额占国内生产总值的比例来衡量一国的物流发展水平。

原有的经济学往往把商品流通假设为"无摩擦"的运动。但随着商品经济社会的发展，物流成本必须加以重视。宏观物流成本显然不能通过微观物流成本数据简单地相加而得。因此，发达国家在核算宏观物流成本时，都采取了另起炉灶的办法，即在已有的统计体系基础上再构建一个包括主要物流功能在内的分析框架。

（1）美国社会物流成本的构成

美国社会物流成本主要由存货持有成本、运输成本和物流行政管理成本三部分构成。

第一，存货持有成本。存货持有成本除了包括仓储成本、残损、人力费用、保险费用和税收费用，还包括库存占用资金的利息。其中利息是当年美国商业利率乘以全国商业库存总金额得到的。把库存占用资金的利息计入物流成本里，是现代物流成本与传统物流成本最大的区别。美国库存占用资金的利息在美国企业平均流动资金周转次数达到 10 次的条件下，约为库存成本的 5.6%，为总物流成本的 1.8%，数额很大，受到美国的重视。

第二，运输成本。运输成本分为公路运输成本、其他运输方式成本和货主费用三个类别。公路运输成本包括本地卡车运输费用与城际卡车运输费用。其他运输方式成本包括铁路运输费用、水路运输费用、油料管道运输费用、航空运输费用、货运代理费用。货主费用包括运输管理部门的运营费用和货物装卸费用。

第三，物流行政管理成本。物流行政管理成本包括订单处理、IT成本以及市场预测、计划制订和相关人员发生的管理费用。由于这项费用的实际发生额很难准确统计，所以在计算物流行政管理成本的时候，按照美国的历史情况由专家来确定一个固定的比例，再乘以存货持有成本和运输成本的总和得出。美国物流行政管理成本占物流总成本的比例一般为4%。

(2) 欧洲社会物流成本的构成

欧洲的社会物流成本是包括运输、仓储、包装以及基础设施投资等费用在内的全社会物流总成本。其中，运输成本包括公路运输、铁路运输、海上运输、航空运输、货主运输等不同运输方式所形成的费用累加。仓储成本包括人工费用（工资）、占用资金成本和利息、货物损毁、保险费用等。从现有的资料来看，欧洲社会物流成本的核算并没有把管理费用单列，而是将其分散在仓储、包装和搬运等各个方面，但测算方法与美国基本相同。

(3) 日本社会物流成本的构成

日本是物流业发展很快的国家，其社会物流成本核算主要借鉴了赫斯凯特最早提出的方法，即由每年公布的就业统计和库存统计等各种数据来推算总体物流费用。此外,日本也参考了德兰尼的推估法,站在货主的立场来推算部分国内物流成本。日本的社会物流成本计算方法与美国略有不同,但从整体上看,也包括了运输费、保管费和管理费三部分的内容。

第一,运输费。运输费分为营业运输费和企业内部运输费。营业运输费又包括卡车货运费、铁路货运费、内海航运货运费、国内航空货运费以及货运站收费等内容。企业内部运输费是以营业车平均行走一千米的原价为基础,将自家卡车的行走千米数、实际平均一日一车行走千米数与自家卡车装载比率相乘而得出的。

第二,保管费。保管费是将日本经济企划厅编制的《国民经济计算年报》中的国民资产、负债余额中原材料库存余额、产品库存余额及流通库存余额的合计数乘以日本资材管理协会调查所得的库存费用比例和原价率得出的。这项保管费不仅包括仓储业者的保管费或企业自有仓库的保管费,还包括仓库、物流中心的库内作业费用和库存所发生的利息、损耗费用等。用公式表示为:

保管费=(原材料库存余额+产品库存余额+流通库存余额)×原价率×库存费用比例

库存费用比例=利率除外的库存费用比例+利率

第三,管理费。由于物流管理费用无法用总体估计的方法求得,所以根据日本的《国民经济计算年报》中的"国内各项经济活动生产要素所得分类统计",将制造业、批发和零售业的产出总额乘以日本物流系统协会根据行业分类调查出来的各行业物流管理费用比例计算得出。

管理费=(制造业产出额+批发零售业产出额)×物流管理费用比例

(4) 我国社会物流成本的构成

我国社会物流总成本是指我国全部常住单位因社会物流经济活动而发生的总费用，具体包括运输费用、保管费用和管理费用。

第一，运输费用。运输费用是指社会物流经济活动中，国民经济各部门由于物品运输而支付的全部费用。其包括支付给物品承运方的运费（即承运方的货运收入），支付给装卸搬运、保管、代理等辅助服务提供方的费用（即承担方的货运收入），以及支付给运输管理与投资部门的、由货主方承担的各种交通建设基金、过路费、过桥费、过闸费等运输附加费用。

运输费用的计算公式为：

运输费用=运费+装卸搬运等辅助费+运输附加费

具体计算的时候，要根据铁路运输、道路运输、水上运输、航空运输和管道运输不同的运输方式及对应的业务核算办法分别计算。

第二，保管费用。保管费用是指社会物流经济活动中，物品从最初的资源供应地向最终消费地流动过程中发生的运输费用和管理费用除外的全部费用。其包括物流过程中因流动资金的占用而需承担的利息费用，仓储保管方面的费用，流通中配送、加工、包装、信息及相关服务方面的费用，以及物流过程中发生的保险费用和物品损耗费用等。

保管费用的计算公式为：

保管费用=利息费用+仓储费用+保险费用+货物损耗费用+信息及相关服务费用+配送费用+流通加工费用+包装费用+其他保管费用

第三，管理费用。管理费用是指社会物流经济活动中，物品供需双方的管理部门因组织和管理各项物流活动所发生的费用。其主要包括管理人员报酬和福利、办公费用、教育培训、劳动保险、车船使用等各种属于管理费用科目的费用。

管理费用的基本计算公式为：

管理费用＝社会物流总额×社会物流平均管理费用率

公式中，社会物流平均管理费用率是指报告期内，各物品最初供给部门完成全部物品从供给地流向最终需求地的社会物流活动中，管理费用额占各部门物流总额比例的综合平均数。

第二节 物流成本的构成

一、物流成本的范围

研究物流成本的构成必须先弄清楚关于物流成本的三个方面的内容。

第一是物流成本的计算范围，即物流的起止问题。物流的范围是相当大的，它包括原材料物流，工厂内物流，从工厂到仓库、配送中心的物流，从配送中心到顾客的物流，随售出产品的退货而发生的物流，由于产品、包装或运输容器、材料等的废弃而产生的物流等部分。现代物流成本的计算范围应该是包括上述整个物流过程中的物流费用，这与从中选择一部分作为物流成本的计算范围显然有明显的差别。

第二是在运输、储存、装卸搬运、包装、配送、流通加工等各种物流活动环节中，是把所有活动环节都作为物流成本的计算对象，还是以其中哪几种活动环节作为物流成本的计算对象。以所有的物流活动作为对象计算出来的物流成本，与只以其中的物流活动如运输、仓储为对象计算出来的物流成本当然是有差别的。现代物流成本的计算对象应该包括所有的这些物流活动。

第三是把哪几种费用列入物流成本中。物流过程中的运费、保管费等企业外部支付的物流费，或人工费、折旧费、修缮费、燃料费等企业内部的费用支出，究竟其中的哪一部分列入物流成本中进行计算，将直接影响到物流成本的大小。现代物流成本应该把两者都计入其中。

二、物流成本的内容构成

物流成本主要由以下七部分构成。

第一，从事物流工作人员的工资、奖金、补贴以及其他的各种劳务费用。企业内直接从事产品的包装、装卸搬运、运输、储存以及流通加工的工作人员和从事物流管理工作的管理人员的工资、补贴、奖金、加班费等各种劳务支出，为职工提供的各种培训教育费用和为职工提供的各种福利费，以及退休人员的工资都是物流成本的组成部分。

第二，物流过程中的物质消耗，如包装材料、电力、燃料等消耗，固定资产的磨损等。一方面产品在物流过程中需要一些消耗性材料，如包装需要消耗一定的包装原材料；另一方面，在物流过程中需要一定的设备，如用于运输的车辆、用于装卸货物的自动搬运设备、自动堆码取货设备等，这些设备在使用过程中会产生自然损耗；另外，设备的运作需要能量来源，例如车辆的运行需要燃料，自动化设备的运作需要电力。这些物质消耗所产生的费用也是物流成本的重要组成部分。

第三，物品在运输、保管等过程中的合理损耗。产品在包装、装卸搬运、运输、储存、流通加工的过程中有时会产生损坏、遗失、缺货、差货等现象，如果这些损耗是在合理范围之内，则将其与自然损耗给物流部门带来的损失一起计入物流成本。

第四，属于再分配项目的支出，如支付银行贷款的利息等。企业的物流部门的运行需要投入一定的人力、物力，同时也需要投入一定的财力。企业为了提高物流服务水平，创造更好的经济效益，往往需要增加投资，用于扩大规模或更新设备。在自身资金困难的情况下，企业往往会向银行贷款。而银行的贷款是需要支付利息的，企业向银行支付的利息也属于物流成本的一部分。

第五，在组织物流的过程中发生的其他费用，如有关物流活动进行的差旅费、办公费、交通费、招待费等。物流管理部门和各业务部门需要共同组织安排整个物流活动，在此过程中会产生一定的费用，如工作人员的办公费、用于接待客户的接待费、工作人员因工作需要出差产生的差旅费等，这些费用都应计入物流成本。

第六，在生产过程中一切由物品空间运动（包括静止）引起的费用支出，如原材料、半成品、制品、产成品等的运输、装卸搬运、储存等费用。在产品的整个生产过程中，物品包括原材料、半成品、制品、产成品等，需要在生产车间内或者生产车间之间进行运输、装卸搬运，以及在车间或仓库内进行储存、保管，由此所产生的材料费用也应该计入物流成本。

第七，物流过程的研究设计、重构和优化等费用。由于现代技术的不断发展、竞争的日益激烈，人们对物流服务的要求也越来越高，企业为了满足用户的需求，提高物流服务水平，提高自身的竞争力，往往会投入一定的资金对物流过程进行研究设计，或者重构企业的物流系统，推动企业物流系统的合理化和优化。这种投资也应计入物流成本。

目前，物流过程的实现有两种方式，一种是依靠企业自己的物流系统完成，另一种是依靠物流企业来完成。企业依靠自己的物流系统完成物流过程，其物流成本就应该包括以上物流成本的七个组成部分。但是物流企业的物流成本就与企业自身的物流成本的内容有所区别。因为物流企业并不从事产品的生产，主要是接受货主企业的委托，实现货物从制造商到最终消费者的传递，包括产品包装、装卸、储存、流通加工和搬运等环节。因此，物流企业的物流成本实际上就是整个企业的总成本，也就是说物流企业的所有成本都是企业的物流成本。除了在生产过程中一切由物品空间运动（包括静止）引起的费用支出以外，其成本的内容应该包括上面所说的其他六个部分。

第三节　影响物流成本的因素

一、物流绩效指数

物流绩效指数通过以下六个指标影响着物流成本。

（一）从清关效率的视角

清关作为跨境商品所要面临的第一个环节，也是国际物流所要接受的第一个考验，其重要性不言而喻。通关时间的快慢直接影响整个物流的运转效率及成本。跨境电商的产品大多数为低附加值产品，任何时间成本对于它们来说都会大幅降低其价值。在跨境商品的通关过程中，必然会出现相互等待的情况，车辆和人员等待跨境商品的通关、通关时间快的商品等待通关时间慢的商品。这些等待成本会转化成时间成本转移到跨境商品的价格中，导致商品的价格竞争力进一步减弱，面临着贸易机会减少的风险。

(二) 从物流基础设施的视角

物流基础设施是国际物流顺利运转的前提，也是物流活动的物质基础，更是跨境电商贸易赖以生存的港湾。由于国家物流基础设施建设的不完善，各国物流人员在进行跨境商品的运输时可能会面临货物损坏或丢失的情况，从而使买卖双方均遭受损失，这些损失会转化为跨境商品的流通成本，从而制约跨境电商的发展。

(三) 从国际运输便利性的视角

各国法律法规的差异、部门信息的不通畅、基础设施建设的不统一都会制约国际运输便利性。法律规定的差异可能会加大相关利益者之间的纠纷；部门信息的不通畅会使信息系统之间缺乏有效的衔接，降低了整个物流过程中的通用性与连贯性；基础设施建设的不统一会使各国基础设施无法高效对接，降低了商品在各国之间流通的效率。由此看出，国际运输便利性从硬性成本和软性成本两个角度影响着物流成本。

(四) 从物流服务质量和能力的视角

物流服务质量是指货物在运输过程中，不同的运输公司在运输环节中提供的服务，关乎着货物在整个运输过程中是否受到损害，货物在到达消费者手中时是否完好等重要问题。物流服务能力是指在跨境电商平台上的交易完成之后，企业能否立刻就这个贸易需求做出响应的能力。响应时间越短，货物在运输过程中所要花费的时间就越短，产生多余的贸易成本的可能性就越小；响应时间越长，则货物在运输过程起始环节所浪费的时间就越多，就越可能产生多余的贸易成本，这说明物流服务质量和能力与物流成本直接相关联。

（五）从货物可追溯性的视角

跨境商品需要经过远距离的运输才能到达消费者手中，其在运输过程中所进行的任何物流操作都增大了跨境商品被损坏的风险。而为了降低这些风险成本，物流企业必然会在运输过程中采取一些措施来保护商品，那么这些措施所花费的成本就是物流成本。

（六）从货物运输及时性的视角

运输及时性是指迅速、准确并适时地满足货主提出的物资运送要求的程度。其包括两个方面的内容：①货物从托运到交付给收货人，时间要求尽可能短，使货物能尽快实现其交换及使用价值，特别是在鲜活易腐品的运输中更需要速度快、时间短。②提供运输劳务的时间，要符合货主的要求，适时地满足运输需要。货物运输及时性对应着物流供应链中的可靠性，从时间成本的角度直接影响物流成本。

二、竞争性因素

（一）客户服务水平

企业所处的市场环境充满了竞争，企业之间的竞争除了产品的价格、性能、质量外，从某种意义上讲，优质的客户服务是决定竞争成功的关键。因此，物流成本在很大程度上是由于日趋激烈的竞争而不断发生变化的，企业必须对竞争做出反应。

(二) 订货周期

企业物流系统的高效必然可以缩短企业的订货周期，降低客户的库存，从而降低客户的库存成本，提高企业的客户服务水平，提高企业的竞争力。

(三) 库存管理

无论是生产企业还是流通企业，对存货实行控制，严格掌握进货数量、次数和品种，都可以减少资金占用、贷款利息支出，降低库存、保管、维护成本。并且良好的物品保管、维护、发放制度，可以减少物品的损耗、霉变、丢失等事故，从而降低物流成本。

(四) 运输

不同的运输工具和方式，成本高低不同，运输能力大小不等。运输工具和方式的选择，一方面取决于所运货物的体积、重量及价值大小，另一方面又取决于企业对某种物品的需求程度及工艺要求。所以，选择运输工具和方式时既要保证生产与销售的需要，又要力求物流费用最低。

三、产品因素

产品的特性不同也会影响物流成本，主要有：

(一) 产品价值

一般来讲，产品的价值越大，对其所需使用的运输工具要求越高，仓储和库存成本也随着产品价值的增加而增加。高价值意味着存货中的高成本，以及包装成本的增加。

（二）产品密度

大产品密度越大，相同运输单位所装的货物越多，运输成本就越低。同理，仓库中一定空间区域存放的货物越多，库存成本就会越低。

（三）易损性

物品的易损性对物流成本的影响是显而易见的，易损性的产品对物流各环节如运输、包装、仓储等都提出了更高的要求。

（四）特殊搬运

有些物品对搬运提出了特殊的要求。如对长大物品的搬运，需要特殊的装载工具；有些物品在搬运过程中需要加热或制冷等，这些都会增加物流费用。

四、环境因素

环境因素包括空间因素、地理位置及交通状况等。

空间因素是指物流系统中企业制造中心或仓库相对于目标市场或供货点的位置关系。进货方向决定了企业货物运输距离的远近，同时也影响着运输工具的选择、进货批量等各方面。若企业距离目标市场太远，则必然会增加运输及包装等成本；若在目标市场建立或租用仓库，也会增加库存成本。因此，空间因素对物流成本的影响是很大的。

地理位置主要是指物流系统中企业制造中心或仓库、目标市场或供货地点的地理位置。

交通状况主要是指物流系统中企业制造中心或仓库、目标市场或供货地点间的交通方式及拥堵情况。

若企业与多个目标市场有空间关联，且相互距离较远，交通状况较差，则必然会增加运输及包装等成本；若在目标市场建立或租用仓库，也会增加仓储及库存持有成本。因此，环境因素对物流成本的影响是很大的。

五、管理因素

管理成本与生产和流通没有直接的数量依存关系，但却直接影响着物流成本的大小，节约办公费、水电费、差旅费等管理费用相应可以降低物流成本总水平。另外，企业利用贷款开展物流活动，必然要支付一定的利息，资金利用率的高低，影响着利息支出的大小，从而也影响着物流成本的高低。

在管理因素中，信息处理成本是影响物流成本的一个重要方面，影响信息处理成本的因素主要是信息系统的信息化程度，因为对订单的处理、物流系统的协同等主要都是通过信息系统实现的，信息系统越先进，信息化程度越高，订单处理越及时准确，部门间越和谐。但先进的信息系统初期投入大，维护成本高，日常处理成本相对较低，出错率也较小，所以企业要根据自身条件和发展需要建立合适的信息处理系统。

第三章　物流成本科学管理的途径

第一节　物流成本预测

一、预测概述

预测就是以过去的历史资料和现在所能取得的信息为基础，按照事物发展的规律，运用人们所掌握的科学知识和实践经验，来预计、推测事物发展的未来。根据过去和现在预计未来，根据已知推测未知，这是预测的主要特点。预测的理论依据是预测对象的发展趋势具有一定的规律性，这种规律可以为人们所认识和掌握，从而对其发展的未来进行科学的估计。

长久以来，由于受科学技术发展水平的限制以及缺乏有效的预测工具，人们并没有把这种探索未来的活动作为一种专门学科的研究对象来加以对待。预测活动仅是分散在各个领域中，其重要性也鲜为人知。

20世纪50年代后，由于科学技术的高速发展，生产社会化程度的极大提高，经济情况日益复杂，人们对于科技力量及其对社会发展影响的认识已提高到一个新的水平，深切地感到科学地预测未来的重要性和必要性，同时在客观上也具备了比较可靠的科学手段。在这样的条件下，人们的预测活动也从传统、分散、落后的状况，经历了20世纪40年代和20世纪50年代的萌芽阶段、20世纪60年代的形成阶段和20世纪70年代的发展阶段，终于形成一门自成体系的现代预测科学。

当代的预测技术一方面继续重视定性预测，另一方面则非常重视定量的预测技术。定量预测技术是运用科学的、数学的判断方法，对事物未来可能演变的情况做出数量上的推断的一种技术。做出一个准确的预测需要两方面的知识：一是被预测对象本身所处学科领域的知识；二是预测方法本身的理论，主要是数学方面的有关理论。

二、物流成本预测概述

准确预测可以减少企业的库存，有效地安排生产，改善运输管理，可以做出信息含量更高的定价、促销决策等。

经营预测是指根据历史资料和现在的信息，运用一定的科学预测方法，对未来经济活动可能产生的经济效益和发展趋势做出科学的预计和推测的过程。经营预测是企业进行经营决策的基础和依据，有利于提高企业的竞争力，是企业进行科学管理的基础。经营预测应该在延续性、相关性、统计规律性、实事求是和成本效率原则的指导下，按照先确定预测目标，然后据此收集数据和信息，选择预测方法，进行实际预测，再对预测结果进行修正的程序进行。

物流成本预测是企业运用一定的科学方法，通过分析一定时期内的物流成本和相关数据，对未来物流成本进行推测和估计。物流成本之所以能够预测，是因为物流成本的发展总是呈现一定的规律或表现出一定的特征。目前人们对物流成本的预测主要依据预测原理进行。

（一）物流成本预测的原理

1. 惯性原理

一切物体在不受到外力作用时，总保持静止或匀速直线运动状态，这就是惯性原理。它是物流成本时间序列分析预测方法的理论依据。

例如，过去十年的社会物流成本总额呈现逐年递增的趋势，那么在不发生重大事件的情况下（如大规模的战争或重大自然灾害等），未来的社会物流成本总额仍会以相同的速度逐年递增。

2. 类推原理

许多特性相近的客观事物，它们的变化过程会有相似之处。因此，根据已知事物的变化过程，可以推断出与其具有相近特性的预测对象的发展状态，这就是类推原理。

例如，一个拟建的配送中心与另一个地区的配送中心在物流需求和运行环境等方面大体相当，那么就可以利用类推预测的方法，预测新建配送中心的物流成本。

3. 相关原理

任何事物的变化发展都不是孤立的，都会受到其他事物的影响（这种影响常常表现为因果关系）。因此，通过分析研究对象与其相关事物的依存关系，以及相关事物对其影响程度，可以揭示研究对象的变化规律，这就是相关原理。它是物流成本因果预测方法的理论依据。

例如，企业物流成本往往与其他物流业务量相关，那么企业就可以利用物流业务量变化来预测企业物流成本变化。

4. 概率原理

由于预测对象受社会、经济和科技等因素的影响，其未来的发展状态实际是一个随机事件，可用概率来表示预测对象发生的可能性大小，这就是所谓的概率原理。在预测中，人们常采用概率论和数理统计方法先求出随机事件出现各种状态的概率，然后再去预测对象的未来状态。

（二）物流成本预测的内容

成本预测是成本管理的重要环节。它是在编制成本预算之前，根据企业的经营总目标和预测期可能发生的各个影响因素，采用定量和定性分析方法，确定目标成本、预计成本水平和变动趋势的一种管理活动。成本预测应考虑外部经济环境、企业经营目标、成本的各个构成要素及成本预测方案的可行性等因素。

物流成本预测按提供物流服务的不同，可分为可比物流成本预测与不可比物流成本预测两种。

1. 可比物流成本预测

可比物流成本是指以往年度正常提供过的物流服务成本，其过去的成本资料比较健全和稳定。

（1）确定初选目标成本

目标成本是指企业为实现经营目标所应达到的成本水平，也是企业未来期间成本管理所应达到的目标。

选择初选目标成本主要有两种方法：第一，选择某一先进的成本水平作为初选目标成本。第二，根据企业预测期的目标利润，来测算目标成本。

(2) 成本初步预测

成本初步预测是指在当前生产条件下不采取任何新的降低成本的措施确定预测期可比产品能否达到初选目标成本要求的一种预测。初步预测是根据历史资料来推算的，一般可以采用以下两种方法：第一，按上年预计平均单位成本测算预测期可比物流成本。第二，根据前三年可比物流成本资料测算预测期可比物流成本。可采用简单平均法、加权平均法、回归直线法等进行预测。

(3) 提出各种物流成本降低方案

物流成本降低方案的提出主要可以从改进物流服务设计、改善物流管理、控制管理费用三个方面着手，这些方案应该既能降低物流成本，又能保证物流服务质量的需要。

(4) 正式确定目标成本

企业的物流成本降低措施和方案确定后，应进一步测算各项措施对物流成本的影响程度，据以修订初选目标成本，正确确定企业预测期的目标成本。

2. 不可比物流成本预测

不可比物流成本是指企业以往年度没有正式提供过的物流服务，其成本水平无法与过去进行比较，因而就不能像可比物流那样通过采用下达成本降低指标的方法控制成本支出。可通过技术测定法、产值成本法、目标成本法等预测其大小。

(三) 物流成本预测的过程

物流成本预测的对象通常是随机的，与物流成本预测对象相联系的。

各物流功能环节影响因素错综复杂，预测不同功能环节的物流成本，其背景也不同，应该采取不同的预测方法和手段。为了保证预测结果的客观性与准确性，进行物流成本预测时，通常应该遵循以下五个步骤。

1. 确定预测目标

进行物流成本预测，首先要有一个明确的目标。物流成本预测的目标又取决于企业对未来的生产经营活动所欲达成的总目标。物流成本预测目标确定之后，便可明确物流成本预测的具体内容。

2. 收集预测资料

物流成本指标是一项综合性指标，涉及企业的生产技术、生产组织和经营管理等各个方面。在进行物流成本预测前，必须尽可能全面地占有相关的资料，并应注意去粗取精、去伪存真。

3. 建立预测模型

在进行预测时，必须对已收集到的有关资料，运用一定的数学方法进行科学的加工处理，建立科学的预测模型，借以揭示有关变量之间的规律性联系。数学模型一般是带有参数的。需要针对建立的数学模型进行相应参数的估计（利用收集到的数据样本），最终识别和确认所选用的具体数学模型。

4. 模型检验

以历史资料为基础建立的预测模型可能与未来的实际状况有一定的偏差，且数量方法本身就有一定的假定性，因此必须采用一些科学方法对预测的结果进行综合的分析判断，对存在的偏差及时修正。针对具体数学模型进行合理性检验、误差检验等。如有必要，还需回到第三步。

5. 预测与结果分析

运用前面建立的数学模型，使用有关物流预测对象的数据样本做出预测，并在有关经济理论的基础上做出合理分析和解释。

(四) 物流成本预测的方法

物流成本预测的方法很多，它随预测对象和预测期限的不同而各有所异，但总体来看，基本方法包括定性预测方法和定量预测方法。

在实际应用中，定性预测方法与定量预测方法并非相互排斥，而是相互补充的，即在定量分析的基础上，考虑定性预测的结果，综合确定预测值，从而使最终的预测结果更加接近实际。定性预测方法也称主观预测方法，它简单明了，不需要数学公式。它的依据是来源不明的各种主观意见。定性预测方法包括德尔斐法、一般预测、市场调研、小组共识、历史类比等。

定量预测方法也称统计预测法，其主要特点是利用统计资料和数学模型来进行预测。定量预测方法按照成本预测模型中成本与相应变量的性质不同又可分为趋势预测方法和因果预测方法两类。趋势预测方法是按照时间顺序排列有关的历史成本资料，运用一定的数学方法和模型进行加工计算并预测的各类方法，具体包括简单平均法、加权平均法和指数平滑法等。这类方法承认事物发展规律的连续性，将未来视为历史的自然延续，因此又称为外推分析法。因果预测方法是根据成本与其相关因素之间的内在联系，建立数学模型并进行分析预测的各种方法，具体包括投入产出分析法、回归分析法、经济计量模型等。这类方法的实质是利用事物内部因素发展的因果关系来预测事物发展的趋势。

第二节 物流成本核算

一、物流成本核算的目的和意义

物流成本核算是根据企业确定的成本核算对象，采用相应的成本核算方法，按照规定的成本核算项目，对有关的各种物流费用进行分配和归集，从而核算出各个物流成本核算对象的总成本和单位成本。

（一）物流成本核算的目的

物流成本核算的目的是促进企业加强物流管理，提高管理水平，创新物流技术，提高物流效益。具体地说，物流成本核算的目的体现在以下几个方面。

第一，通过对企业物流成本的全面核算，明确物流成本的大小，从而提高企业内部对物流重要性的认识。

第二，通过对某一具体物流活动的成本计算，弄清物流活动中存在的问题，为物流运营决策提供依据。管理的重点在于经营，经营的重点在于科学决策，而决策的重点在于充分、真实、完整的信息。只有信息充分，才能根据实际情况对企业的现状和存在问题进行分析并提出备选方案；也只有信息充分，才能对备选方案进行比较，寻找投入产出比最高的方案。

第三，按不同的物流部门组织计算，计算各物流部门的责任成本，评估各物流部门的绩效。当前，很多企业在进行内部责任成本核算，并制定了产品或服务的内部转移价格,其目的就是进行绩效考核,提高各部门的成本意识和服务意识。对物流相关部门进行考核,就需要企业物流成本核算的相关数据。

第四,通过对某一物流设备或机械(如单台运输卡车)的成本核算,明确其消耗情况,探索提高设备效率、降低物流成本的途径。

第五,通过对每个客户物流成本的分解核算,为物流服务收费水平的制定以及有效的客户管理提供决策依据。既然物流成本是产品成本中重要的组成部分,人们在进行产品定价时就应该充分考虑该产品的物流服务消耗量,将物流成本考虑到产品定价里,才会使价格决策更科学、更符合实际。通过物流成本的核算,就可以为物流服务价格和产品价格的具体制定提供依据。

第六,通过对某一成本项目的计算,确定本期物流成本与上年同期成本的差异,查明成本升降的原因。企业物流成本是全面反映企业物流活动的综合性评价指标,物流成本的高低是企业物流管理水平的综合反映。企业物流运营管理水平的高低,物流装备和设施利用率的高低,燃料、动力单位消耗的大小,产品配送、仓储布置是否合理,企业的选址及厂区规划设置是否合理都会在物流成本中反映出来。

第七,按照物流成本计算的口径计算本期物流实际成本,评价物流成本预算的执行情况。明确物流成本核算目的是十分重要的,可以说,它是选择成本核算对象、确定物流成本的核算内容甚至是选择物流成本核算方法的基础。当然,物流成本核算目的的确定也要结合企业业务流程、组织结构的设置以及管理方式和管理要求的实际情况进行分析。

(二) 物流成本核算的意义

当前由于实行多批次、小批量配送和适时配送，也由于收货单位过多和过高的服务要求，物流服务水平越来越高，运费上升；又由于商品品种增多，寿命缩短，必然出现库存增加，或时多时少，库存费用上升；由于缺乏劳动力，人员费用增多；由于地价上涨，物流中心投资费用增加；由于道路拥挤，运输效率下降。凡此种种都在影响着物流成本。在这种情况下，企业降低物流成本已经成为当务之急。

而降低物流成本的前提就是核算物流成本。只有将企业的物流成本现状揭示出来，才有可能看到西泽修教授所说的"水面下的冰山"，才能充分挖掘物流成本节约的潜力，这是有效进行物流成本管理、降低物流成本的基础。通过正确的会计核算，可以提高企业对物流重要性的认识，真正认识到物流是企业的"第三利润源"。应为物流企业制定物流服务收费价格提供依据；为货主企业物流外包提供决策依据；为企业改善物流系统、更新物流设施设备提供决策依据；及时发现物流运作和物流管理中存在的问题，促进物流运作和管理水平的提高。

二、物流成本核算的内容

所谓成本核算内容是指企业或成本管理部门为归集和分配各项成本费用而确定的，以一定时期和空间范围为条件而存在的成本计算实体。企业的物流活动都是在一定的时空范围内进行的，从物流过程的各个环节来看，时间上具有连续性和继起性，空间上具有并存性。物流成本的核算对象应根据物流成本计算的目的及企业物流活动的特点予以确定。

(一) 物流成本核算的具体内容

1. 以某一物流成本项目为核算内容

把一定时期的物流成本，从财务会计的计算项目中抽出，按照成本费用项目进行分类计算。它可以将企业的物流成本分为企业内部物流费、委托物流费和外企业代垫物流费等项目并分别进行计算。在企业的财务会计核算中，各项成本费用的账户往往是按照各个成本项目进行分类的，因此可以说，按照成本项目进行物流成本的核算是最基本的物流成本核算方式。不管采用什么样的成本核算对象，都可以按照成本项目对这些核算对象的物流成本进行细化。

2. 以某种物流功能为核算内容

根据需要，以包装、运输、储存等物流功能为内容进行计算。这种核算方式对加强每个物流功能环节的管理，提高每个环节作业水平，具有重要的意义，而且可以计算出标准物流成本。

3. 以某一服务客户作为核算对象

这种核算方式对于加强客户服务管理、制定有竞争力且能营利的收费价格是很有必要的。特别是对于物流服务企业来说，在为大客户提供物流服务时，应认真分别核算对各个大客户提供服务时所发生的实际成本，这有利于物流企业制定物流服务收费价格，或者为不同客户确定差别性的物流水平等提供决策依据。

4. 以某一产品为对象

这主要是指货主企业在进行物流成本核算时，以每种产品作为核算对象，计算为组织该产品的生产和销售所花费的物流成本。据此可进一步了解各产品的物流成本开支情况，以便进行重点管理。

5. 以企业生产的某一过程为对象

如以供应、生产、销售、退货等过程为对象进行计算。它的主要任务是从材料采购费及企业管理费中抽出供应物流成本，如材料采购账户中的外地运输费、企业管理费中的市内运杂费、原材料仓库的折旧修理费、保管人员的工资等；从基本生产车间和辅助生产车间的生产成本、制造费用及企业管理费等账户中抽出生产物流成本，如人工费部分按物流人员比例或物流工时比例确定计入，折旧费、大修费按物流固定资产占用资金比例确定计入等；从销售费用中抽出销售物流成本，如销售过程中发生的运输、包装、装卸、保管、流通加工等费用和委托物流费等。这样就可以得出物流成本的总额，使企业经营者一目了然地了解各范围物流成本的全貌，并据此进行比较分析。

6. 以某一物流部门为对象

如以仓库、运输队、装配车间等部门为对象进行计算。这种核算对加强责任中心管理，开展责任成本管理方法和对于部门的绩效考核是十分有利的。

7. 以某一地区为对象

计算在该地区组织供应和销售所花费的物流成本，据此可进一步了解各地区的物流成本开支情况，以便进行重点管理。对于销售或物流网络分布很广泛的物流企业或者产品分销企业来说，这种以地区为物流成本核算对象的成本核算就显得更加重要，它是进行物流成本日常控制、各个地区负责人绩效考核及其他物流系统优化决策的有效依据。在这种模式下,管理者不仅可以获得每个地区的物流总成本,还可以得到物流成本按照物流功能(运输费、仓储费、配送费、流通加工费等)的构成情况。实际上,企业也可以按照每个地区物流成本的成本项目构成进行物流成本的归集。

(二) 物流成本核算的内容构成要素

1. 成本费用承担实体

成本费用承担实体是指产生成本费用并应合理承担各项成本费用的特定经营成果的表现形式,包括有形的各种产品和无形的各种服务作业。对物流成本核算而言,成本费用承担实体主要是各种类型的物流活动或物流作业。

2. 成本计算期

成本计算期是指汇集生产经营费用、计算生产经营成本的时间范围。从理论上讲,物流成本计算期是指某一物流活动从开始到完成这一周期。但是,在企业物流活动连续进行的情况下,难以对某一项物流活动确定经营期和单独计算成本。因此,一般根据权责发生制原则,以月份作为物流成本计算期,但对于一些特殊的物流活动,也可以经营周期作为成本计算期。

3. 成本计算范围

成本计算范围是指成本费用发生并能组织企业成本计算的地点或区域(部门、单位、生产或劳务作业环节等)。例如,工业企业的成本计算范围可按全厂、车间、分厂、某个生产环节划分;服务型企业可以按部门、分支机构或班组等单位来确定各个成本计算范围。物流成本计算范围一般按物流活动范围、物流功能范围，以及物流成本控制的重点进行划分、确定。

(1) 物流活动范围的确定

物流活动范围的确定就是对物流活动的起点与终点，以及起点与终点间物流活动过程的选取、确定。对每个物流成本计算对象来说，都存在着物流活动的起止点的确定问题。起止点不同，物流成本的核算结果也就不同。显然，对于某一物流部门来说，其物流成本核算对象的物流起止点一旦确定，就不能任意改变，以符合成本核算的可比性原则和一贯性原则。

(2) 物流功能范围的确定

物流功能范围的确定是指在运输、储存、装卸、包装、流通加工、配送和物流信息等物流功能中，选取哪些功能作为物流成本核算对象。显然，将所有物流功能作为物流成本核算的范围，与只将其中部分功能作为物流成本核算的范围相比，其成本核算结果是完全不同的。

(3) 物流成本控制的重点

除以上两种方法外，还可以按物流成本控制的重点确定物流成本核算的对象。例如，可将物流成本责任单位、物流成本支出较多的部门或作业活动，以及新开发的物流作业项目等作为物流成本核算的对象。

三、物流成本核算的方法

(一) 会计方式的物流成本核算

会计方式的物流成本核算是通过凭证、账户、报表的完整体系，对物流耗费予以连续、系统、全面记录的计算方法。这种核算方法又可分为两种具体形式。

1. 独立的物流成本核算模式

这种模式要求把物流成本核算与财务会计核算体系截然分开,单独建立起物流成本的凭证、账户和报表体系。具体做法是:对于每项物流业务,均由车间成本员或者基层核算员根据原始凭证编制物流成本,记账凭证一式两份,一份连同原始凭证转交财务科,据以登记财务会计账户,另一份留基层成本员据以登记物流成本账户。

这种计算模式的优点包括:①提供的成本信息比较系统、全面、连续、准确、真实;②两套计算体系分别按不同要求进行,向不同的信息要求者提供各自需要的信息,对现行成本计算的干扰不大。

但这个计算模式的工作量较大,在目前财会人员数量不多、素质有限的情况下容易引起核算人员的不满。另外,基层核算员财务核算知识的缺乏,也会影响物流成本核算的准确性。

2. 结合财务会计体系的物流成本核算模式

它是把物流成本核算与企业财务会计和成本核算结合起来进行,即在产品成本计算的基础上增设一个"物流成本"科目,并按物流领域、物流功能分别设置二级、三级明细账,按费用形态设置专栏。当费用发生时,借记"物流成本"及有关明细账,月末按照会计制度规定,根据各项费用的性质再还原分配到有关的成本科目中去。

使用这种模式时,在会计处理上,当各项费用发生时,与物流成本无关的部分,直接记入相关的成本费用账户,而与物流成本相关的部分记入相应设置的物流成本账户。会计期末（一般是每个月末），再将各个物流成本账户归集的物流成本余额按照一定的标准分摊到相应的成本费用账户中，以保证各成本费用账户余额的完整性和真实性。

这样做一方面可以保证传统财务会计核算的需要，同时也可以从账户系统中获得物流成本的信息。这种计算模式的优点是：①所提供的成本信息比较全面、系统、连续；②由于与产品成本计算相结合，从一套账表中提供两类不同的信息，可以减少一定的工作量。

当然，这种方法也存在明显的缺点，表现在：①为了实现资料数据的共享，需要对现有的产品成本计算体系进行较大的甚至彻底的调整；②为了保证产品成本计算的真实性和正确性，需要划分现实物流成本、观念物流成本（如物流利息）的界限，划分应否计入产品成本的界限，如果人员素质不高则较困难；③责任成本、质量成本等管理成本都要与产品成本相结合，再将物流成本与之结合，其难度更大。

（二）统计方法的物流成本核算

1. 基本思路

统计方法的物流成本核算是指在不影响当前财务会计核算体系的基础上，通过对有关物流业务的原始凭证和单据进行再次归类整理，对现行成本核算资料进行解剖分析，从中抽出物流成本的部分，然后再按物流管理的要求对上述费用按不同的物流成本核算对象进行重新归类、分配、汇总，加工成物流管理所需的成本信息。

由于统计计算不需要对物流成本做全面、系统和连续的反映，所以运用起来比较简单、灵活和方便。但是由于不能对物流成本进行连续、系统和全面的追踪反映，所以得到的信息的精确程度受到很大影响，而且易流于形式。这使人认为，物流成本管理是权宜之计，容易削弱物流管理的意识。另外，在期末一次性地进行物流成本的归类统计，花费的时间也较多，对于财务会计人员来说，一次性工作量大。如果在日常会计处理过程中没有做相应的基础工作，按不同物流成本核算对象进行成本归集时，有时也无法确定某项成本的具体归属。

2. 基本步骤

统计方式的物流成本核算，平时不需要进行额外的处理，会计人员按照财务会计制度的要求进行会计核算，在会计期末（月末、季末或者年末）才进行物流成本的统计计算。具体说来，统计方法物流成本核算的基本步骤如下：

第一，通过材料采购、管理费用账户的分析，抽出供应物流成本部分，如材料采购账户中的外地运输费、管理费用账户中材料的市内运杂费、原材料仓库的折旧修理费、库管人员的工资等，并按照功能类别或者支付形态类别进行统计核算。

第二，从生产成本、制造费用、辅助生产、管理费用等账户中抽出生产物流成本，并按照功能类别、形态类别进行分类核算，如人工费部分按照物流人员的数量或者工作量占全部人员或者工作量的比例确定物流作业成本。

第三，从销售费用中抽出销售物流成本部分，具体包括销售过程中发生的运输、包装、装卸、保管、流通加工等费用。

第四，企业对外支付的物流成本部分，根据企业实际订货情况确定每次订货的装卸费、运输成本、专门为该次订货支付的包装费用等，有时，企业还需要为外购货物支付仓储费。

第五，物流利息的确定，可以按照企业物流作业占用资金总额乘以同期银行存款利率上浮一定的百分比或者企业内部收益率来计算。其实就是计算物流活动占用资金的机会成本。

第六，从管理费用中抽出专门从事物流管理的人员耗费，同时推估企业管理人员用于物流管理的时间占其全部工作时间的比例。由于客户退货成本及相应物流成本都计入管理费用，也应该在计算物流成本时，将退货物流成本剥离出来。

第七，废弃物物流成本较小时，可以将其并入其他物流成本一并计算。计算物流成本时总的原则是，单独作为物流作业所消耗的费用直接计入物流成本，间接为物流作业消耗的费用，以及为物流作业和非物流作业同时消耗的费用，应按照从事物流作业人员比例、物流工作量比例、物流作业所占资金比例等确定。

与会计核算方法的物流成本计算比较，由于统计方法的物流成本核算没有对物流耗费进行系统、全面、连续的计算，因此，虽然其计算较简便，但其结果的精确度受一定的影响。

3. 统计方式的物流成本报告

在计算物流成本时，首先从企业财务会计核算的全部成本费用科目中抽取包含物流成本的成本，然后加以汇总。汇总的方法通常采用矩阵表的形式，在矩阵表的水平方向是按照《企业会计制度》及其他财务会计规定设置的成本费用科目，纵向是物流成本核算项目，该项目可以是不同的费用要素，也可以是不同的功能要素，甚至可以对企业不同部门或者不同客户进行统计核算。

(三) 会计和统计相结合的成本核算方法

物流成本核算是为了更好地进行物流成本的管理，因此企业可以按照物流成本管理的不同要求和目的设置相应的成本计算项目，并根据成本计算项目所需的数据设置成本费用的明细科目。但是，过细的会计科目设置会给企业会计工作增加很多负担，是不经济的。因此，企业应该在设置会计科目前考虑物流成本核算可能给企业带来的收益，以及增加物流成本核算科目将会增加会计操作的成本。

在这种前提下，统计与会计相结合的方法是企业进行物流成本核算的一个不错的选择。这种方法的要点是，将物流成本的一部分通过统计方法予以计算，另一部分则通过会计核算予以反映。这种方法虽然也要设置一些物流成本账户，但它不像会计方式那么全面系统，而且这些物流成本账户不纳入现行财务会计成本核算的账户体系，是一种账外计算，具有辅助账户记录的性质。具体做法如下。

第一，设置物流成本辅助账户。按照物流领域设置供应、生产、销售和回收废弃物物流成本明细账户，在各明细账户下按照物流功能设置运输费、保管费、装卸费、包装费、流通加工费、物流信息费和物流管理费三级账户，并按照费用支付形式设置人工费、材料费、办公费、水电费、维修费等专栏。实际上，账户的设置不是一定的，而是可以根据企业自身的要求来确定的。

第二，登记相关的物流成本辅助账户。对现行成本核算体系中已经反映但分散于各科目之中的物流成本，如计入管理费用中的对外支付的材料市内运杂费、物流相关固定资产折旧、本企业运输车队的费用、仓库保管人员的工资、产成品和原材料的盘亏损失、停工待料损失，计入制造费用的物流人员工资及福利费、物流相关固定资产的折旧、修理费、保险费、在产品盘亏或毁损等，在按照会计制度的要求编制凭证、登记账簿、进行正常成本核算的同时，据此凭证登记相关的物流成本辅助账户，进行账外的物流成本核算。

第三，对于现行成本计算中没有包括但应该计入物流成本的费用，根据有关统计资料进行计算，并单独设置台账反映。各项费用的计算方法与统计核算方式的计算方法相同。物流相关的资金利息费用按企业物流资产占有额乘以一定的机会成本率得到，而外企业代垫的物流成本按照本企业的采购数量（或销售数量）乘以单位物流费率计算确定。

第四，月末根据物流成本辅助账户所提供的成本信息，加上物流成本台账的信息，合计编制各种类型的物流成本报告。这种模式的优点是：物流成本在账外进行计算，既不需要对现行成本计算的账表系统进行系统的调整，又能相对全面地提供物流成本资料，方法也较为简单，财会人员易于采用。它与会计方式的物流成本核算模式比较，操作相对简单，但可能没有会计方式得到的成本信息准确；而与统计方式的物流成本核算相比较，情形则相反，物流成本信息相对准确，但更复杂一些。

企业可以采用会计方式、统计方式或者两者结合的方式进行物流成本的核算工作。随着成本管理技术方法的不断发展，一种新的成本核算和管理模式——作业成本法正在被越来越多的人认识和采纳。在物流行业中，作业成本法也越来越受到学者和企业的青睐。

四、物流成本核算的过程

我们借鉴日本的经验,对物流成本核算的具体做法加以介绍。日本的物流成本核算是从"支付形态的物流成本分类"入手,首先从企业财务会计的相关费用科目中抽出物流成本,然后以表格的形式从不同角度对各类物流成本进行核算,具体做法如下。

(一) 物流成本的抽出与计算

物流成本核算的第一步是按照前述的方法计算出按支付形态分类的物流费用。

1. 材料费

材料费是由物流活动过程中的材料消耗而产生的费用。直接材料费可以通过各种材料的实际消耗量乘以实际的购进价格来核算。材料的实际消耗量可以按物流成本核算期末统计的材料支出量核算。当难以通过材料支出单据进行核算时,也可以采用盘存核算法,即:

$$本期消耗量=期初结余+本期购进-期末结余$$

材料的购进价格应包括材料的购买费、进货运费、装卸费、保险费、关税和购进杂费等。

2. 人工费

人工费是指对物流活动中消耗的劳务所支付的费用。物流人工费的范围包括物流人员的所有报酬(工资、奖金、其他补贴)的总额、劳动保护费、按规定提取的福利基金的支出(医疗补助、福利补助、集体福利设施的支出、其他支出)、教育培训费及其他。在核算物流人工费的本期实际支付额时，报酬总额按核算期内支付给物流人员的报酬总额或按整个企业员工的平均报酬额核算；劳动保护费、按规定提取的福利基金及教育培训费等，需要从企业相关费用项目的总额中把用于物流人员的费用部分抽出来。当实际费用很难抽出核算时，也可将这些费用的总额按物流人员比例分摊到物流成本中。

3. 公益费

公益费是指为购买公益服务（自来水、电、煤气、取暖、绿化等）而支付的费用。严格地讲，每个物流设施都应安装计量装置直接计费。但在没有安装计量装置的情况下，也可以从整个企业支出的公益费中按物流设施的面积和物流人员的比例核算得出。

4. 维护费

维护费是由土地、建筑物、机械设备等固定资产的使用、运行、维护和保养而产生的维修费、大修理费、折旧费、房产税、城镇土地使用税、车船税、租赁费和保险费等费用。维护费根据本期实际发生额核算，对于经过多个期间统一支付的费用（如租赁费、保险费等），可按期间分摊计入本期相应的费用中。对于物流业务中可以按业务量或物流设施来直接核算的物流费，在可能的限度内直接算出维护费。对于不能直接算出的，可以根据建筑物面积和设备金额等分摊到物流成本中。折旧费应根据固定资产原值和经济使用年限，以残值为零，采用使用年限法核算。其计算公式为：

$$固定资产折旧额 = \frac{固定资产原值}{固定资产预计经济使用年限}$$

对使用年限长且有价格变动的物流固定资产折旧，应采用重置价格核算。

5. 一般经费

一般经费相当于财务会计中的一般管理费。其中，对于差旅费、交通费、会议费、书报资料费等使用目的明确的费用，直接计入物流成本。对于一般经费中不能直接计入物流成本的，也可按员工人数比例或设备比例分摊到物流成本中。

6. 特别经费

特别经费包括按实际使用年限核算的折旧费和企业内利息等。企业内利息在物流成本核算中采用与财务会计不同的核算方法。企业内部物流利息实际上是物流活动所占用的全部资金的资金成本。因为这部分资金成本不是以银行利率，而是以企业内部利率来核算，所以称为企业内部物流利息。利息在财务会计中是以有利率负债的金额为基础，根据融资期间和规定的利率来核算的。但在物流成本核算中，企业内部物流利息却是以对固定资产征收固定资产占用税时的评价额为基础，对存货以账面价额为基础，根据期末现额和企业内部利率来核算的。企业内部利息的计算，对物流作业中使用的固定资产（土地、建筑物、机械设备、车辆等）以征收固定资产占用税时的评估价格乘以企业内部利率，对存货（商品、包装材料等）以账面价格乘以企业内部利率来计算。

7. 委托物流费

委托物流费根据本期实际发生额核算，包括托运费、市内运输费、包装费、装卸费、保管费和出入库费、委托物流加工费等。除此以外的间接委托的物流费按一定标准分摊到各功能的费用中。

8. 其他企业支付的物流费

其他企业支付的物流费，以本期发生购进时其他企业支付和发生销售时支付物流费的商品重量或件数为基础，乘以费用估价核算。其他企业支付的物流费虽然不作为本企业物流费支付，但对购进商品来说，实际上已经将商品从产地运到销售地点的运费、装卸费等物流费包含在进货价格中了，如果到商品产地购进，则这部分物流费显然是要由本企业支付的。对销售的商品，买方提货所支付的运费也相当于折减了销售价格，如果销售的商品采用送货制，则这部分物流费也要由本企业支付。因此，其他企业支付的物流费实际上是为了弥补应由本企业负担的物流费而计入物流成本的。其他企业支付的物流费的核算必须依靠估价的费用单价，但当本企业也承担与此相当的物流费时也可以用本企业相当的物流费来代替。

(二) 编制物流成本核算表

为了从不同的角度对物流成本进行全面、系统的核算，还要对上述计算结果分别编制成不同的物流成本核算表。应根据核算物流成本的需要，将以上通过计算得出的数据资料填入相关表中。

1. 形态范围物流成本核算表

形态范围物流成本核算表可以从支付形态与物流范围的角度来反映企业物流成本的现状。

2. 形态功能物流成本核算表

形态功能物流成本核算表可以从支付形态与物流功能的角度来反映企业物流成本的现状。

3. 功能范围物流成本核算表

功能范围物流成本核算表可以从物流功能的角度反映不同产品物流成本的现状。

4. 其他物流成本核算表

根据物流成本管理的需要，除上述物流成本核算表外，还可以分别编制产品功能、地区功能、客户功能、产品范围、地区范围、客户范围，以及产品形态、地区形态、客户形态等物流成本核算表，同时，还可以对各物流功能费用分别按支付形态与物流范围进行核算。

第三节 物流成本控制

一、物流成本控制的含义

20 世纪 30 年代诞生了"成本控制"一词。"管理科学之父"弗雷德里克·温斯洛·泰勒通过对生产作业现场开展动作和时间的物量控制研究，为生产作业活动提出参考标准，并对材料和工时加以控制，制定相应标准，以达到提高劳动生产效率的目的。泰勒对企业内部作业的合理化、规范化研究是西方企业内部物流成本控制的雏形。物流成本控制就是以对作业现场的实际研究为基础逐步发展而来的。

现代物流成本控制的领域涉及采购、生产、销售、售后服务等企业经营活动的全部领域。在现代企业管理中，物流成本控制就是以物流服务形成的全过程为对象，以改进作业为手段，以降低物流成本为目标，全面提高企业物流管理水平。物流成本控制结合物流服务各阶段的不同性质和特点进行有效的控制，实现物流系统的合理化。它要求企业在物流活动中严格考核以实际成本为基础的物流活动，对照物流成本标准，针对浪费采取措施，以达到不断降低物流成本的目的，实现预定的物流成本目标。物流成本控制占有十分重要的地位，它突破了传统物流成本管理，把重心转向企业整体战略这一更为广阔的研究领域。

二、物流成本控制的基本内容

（一）物流成本的局部控制

1. 运输费用的控制

货物运输费用占物流总成本的比重较大，是影响物流成本的重要因素。运输费用控制的主要关键点在运输方式、运输价格、运输时间、运输的准确性、运输的安全可靠性以及运输批量水平等方面，控制方式通常是加强运输的服务方式与运输价格的权衡，从而选择最佳的运输服务方式，使运输价格最低、时间最短、费用最低。

（1）采购途耗的最省化

供应采购过程中往往会发生损耗，应采取严格的预防保护措施，尽量减少损耗，避免损失、浪费，以降低物流成本。

（2）供应物流交叉化

销售和供应物流经常发生交叉，可以采取共同装货、集中发货的方式，把外销商品的运输与外地采购的物流结合起来。可利用回程车辆运输的方法，使发货、进货业务集中、简化，提高搬运工具、物流设施和物流业务的效率。

（3）产品体积的大小在很大程度上决定了物流成本的高低

例如，一个产品的底面积占整个车厢底面积的56%，一辆卡车只能装一件这样的产品，若其余44%的底面积不能装其他货物，则只能空着。如果在产品设计时考虑到运输工具底面积的大小和形状，就可以有效节约运输费用。

2. 装卸搬运费用的控制

控制的关键在于管理好储存材料和商品，减少装卸搬运过程中商品的损耗率、装卸时间、装卸搬运次数等。控制的方法有：对装卸、搬运设备进行合理选择，防止机械设备的无效作业，合理规划装卸方式和装卸作业过程，如减少装卸次数、提高装卸效率、缩短操作距离、提高被装卸物品的纯度等。

3. 存货持有成本的控制

（1）提高仓库的利用率

对现有仓库设施进行有效整合与改造，使之得到充分利用。使用第三方物流，实行作业标准化，关闭闲置仓库，采用直接从厂家到客户的付运方式；重新规划仓库与选择运输路线，采用效率较高的仓管系统，考虑采用托盘操作或租用托盘等措施，可以提高效率，减少存货和仓储费用。

（2）实行分类管理

将仓库中的物品按不同品种、不同特性、不同价值分成不同等级，实行有重点的管理。对于那些贬值概率大、产品市场更新快、易损易耗物品，应该加强管理。

（3）合理控制库存水平

企业应该根据历史资料对市场进行认真分析，然后选择恰当的库存订货模型，确定本企业的库存水平及订货批量与批次，将库存控制在最低点上。尽量与供应商、客户结成战略联盟，形成风险共担、利益平分、信息共享的合作机制，在保证各方利益的前提下，实行供应商管理库存的策略；同时，可以了解客户的需求情况，及时调整库存量及发送货物的品种、数量、时间。日本丰田公司提出的"只收所需要的零件、只以所需要的数量、只在正好需要的时间送到生产线的准时生产方式"值得借鉴。

4. 物流行政管理成本的控制

用供应链管理可以提高物流组织管理水平。欧美企业通过供应链管理降低成本的做法经历了三个阶段。

第一，制造业内部业务整合，实现企业资源计划架构。

第二，优化制造企业与供应商之间的供应关系，建立企业社区。

第三，完成从原材料到客户的所有业务流程的协同，实现供应链一体化运作。

建议企业借鉴国外成功经验，在技术上采用简单、有效、费用低的手段，与主要客户和供应商进行信息共享；利用网络资源，以更低的成本进行销售、采购；与物流服务市场连接，寻找专业化、社会化的仓储与运输服务商；企业要发挥第四方物流企业在设计供应链结构、规划实施供应链管理信息系统等方面的作用，提高供应链信息化工程的科学性和经济性；发挥网络平台提供商的作用，获取公共技术平台服务；加强内部信息化人才建设，做好信息分析、数据挖掘、系统安全等工作。

另外，以电子标签为代表的自动识别技术有明显的优势，我国政府和企业要在推动技术标准、产品成本等方面共同努力，使此项技术发挥更大的作用。

5. 包装费用的控制

控制的关键点是包装的标准化率和运输时包装材料的耗费。包装费用的控制方式包括如下几种：选择包装材料时要进行经济效益分析；运用价值分析的方法优化包装功能；实行包装的回收和再利用；降低包装成本；实现包装尺寸的标准化、包装作业的机械化；有条件时组织散装物流。

（二）物流成本的综合控制

物流成本的综合控制包括事前对物流成本进行预算制定，事中执行监督，事后进行信息反馈、偏差纠正等全过程的系统控制，从而达到预期管理控制目标。

综合控制有别于局部控制，具有系统性、综合性、战略性的特点，控制效率较高，其目标是局部控制的集成，实现企业物流成本最小化。企业物流成本综合控制的主体是企业的物流管理组织和结构，客体是企业经济活动中发生的整体物流费用。在企业财务会计中，向企业外部支付的物流费用能够从账面上反映出来，而企业内部消耗的物流费用一般计入制造费用，难以单独反映出来，而这一部分物流费用往往超出人们的想象。因此，物流成本的综合控制不仅针对向外部支付的物流费用，还要控制企业内部的物流费用。对物流费用的管理不能仅从物流本身的效率来考虑，费用、质量、价格、销量之间也存在联动关系，要将成本控制放在一个更广阔的背景中来考察，进行真正意义上的物流总成本控制。

(三) 按时间划分的成本控制

按控制的时间来划分，物流成本控制具体分为物流成本事前控制、物流成本事中控制和物流成本事后控制三个环节。

1. 物流成本事前控制

物流成本事前控制是指在物流活动或提供物流作业前对影响物流成本的经济活动进行的事前规划、审核，确定目标物流成本，它是物流成本的前馈控制。

2. 物流成本事中控制

物流成本事中控制指在物流成本形成过程中，随时对实际发生的物流成本与目标物流成本进行对比，及时发现差异并采取相应的措施，及时纠正，以保证物流成本目标的实现，它是物流成本的过程控制。物流成本的事中控制应在物流成本目标的归口分级管理的基础上进行，严格按照物流成本目标对一切生产经营耗费进行随时随地的检查审核，把可能产生损失浪费的苗头消灭，并且把各种成本偏差的信息及时反馈给有关责任单位，以及时采取纠正措施。

3. 物流成本事后控制

物流成本事后控制是指在物流成本形成后对实际物流成本的核算、分析和考核，它是物流成本的反馈控制。物流成本事后控制通过将实际物流成本和一定标准进行比较，确定物流成本的节约和浪费额度，并进行深入的分析，查明物流成本节约或超支的主客观原因，确定其责任归属，对物流成本责任单位进行相应的考核和奖惩。人们可通过物流成本分析，为日后的物流成本控制提出积极改进意见和措施，进一步修订物流成本控制标准，改进各项物流成本控制制度，达到降低物流成本的目的。

物流成本的事中控制主要是针对各项具体的物流成本费用项目进行实地实时的分散控制。而物流成本的综合性分析控制，一般只能在事后进行。物流成本事后控制的意义并非消极的，大量的物流成本控制工作有赖于物流成本事后控制。从某种意义上讲，物流成本控制的事前与事后是相对的，本期的事后控制也就是下期的事前控制。

进行物流成本控制，首先要制定成本控制标准。成本控制标准有预算成本、标准成本、目标成本和责任成本，相应的物流成本控制方法分别是预算成本法、标准成本法、目标成本法和责任成本法。

三、物流成本控制的原则

为了有效地进行物流成本控制，必须遵循以下五个原则。

（一）经济原则

所谓经济原则，指的是以较少的投入取得尽可能大的经济效果，也就是对人力、物力、财力的节省。强调效益观念，这是物流成本控制的核心，也是物流成本控制的最基本原则。

（二）全面原则

全面原则包括全员控制、全方位控制以及全过程控制。全员控制是指物流成本控制不仅有专职成本管理机构的人员参与，还要求企业全体人员的广泛参与，才能取得良好的控制效果。全方位控制指的是不仅对各项费用产生的数额进行控制，还要对发生费用的时间、用途进行控制，讲求物流成本开支的合理性、合法性和经济性。全过程控制是指物流成本控制不局限于生产过程，还要将其向前延伸到物流系统设计、研发，向后延伸到客户服务的全过程。

（三）责、权、利相结合的原则

要加强物流成本控制就必须发挥经济责任制的作用，就必须坚持责、权、利相结合的原则，这就要求企业内部各部门、各单位要承担相应的物流成本控制职责，赋予相应的权利，并享有相应的利益，才能充分调动各方面对物流成本控制的积极性和主动性，取得良好的效果。

（四）目标控制原则

物流成本控制是企业目标控制的一项重要内容。目标控制原则是指企业管理以既定的目标作为人力、财力、物力管理的基础，从而实现企业的各项经济指标。物流成本控制是以目标物流成本为依据，控制企业的物流活动，达到降低物流成本、提高经济效益的目的。

（五）重点控制原则

重点控制原则指的是加强对物流成本关键点的控制。企业日常的物流成本费用项目众多，计划与实际的差异点也非常多，如果平均使用力量进行管理，往往要花费大量的时间和精力，而且效果不佳。通过关键点的控制来降低物流成本，是一些物流发达国家的盛行做法，有利于提高物流成本控制的效率。

四、物流成本控制的步骤

物流成本控制贯穿于企业生产经营的全过程，一般来说，物流成本控制包括以下步骤。

（一）制定物流成本标准

物流成本标准是物流成本控制的准绳，是对各项物流费用开支的数量限度，是检查、衡量、评价物流成本水平的依据。物流成本标准应包括物流成本计划规定的各项指标，由于这些指标通常比较综合，不能用于具体控制，可以采用计划指标分解法、预算法、定额法等来确定具体的指标，还要进行充分的调查研究和科学计算，同时处理好与其他技术经济指标的关系。

（二）监督物流成本的形成

根据控制标准，经常对物流成本的各个项目进行检查、评比和监督，不仅要检查指标本身的执行情况，还要检查影响指标的各个条件，如设施设备、技术水平、工作环境等。要加强物流费用开支的日常控制，要有专人负责监督，还要加强执行者的自我控制，明确经济责任制，调动全体员工的积极性。

（三）及时揭示和纠正偏差

揭示实际物流成本偏离标准成本的差异，分析差异的原因，明确责任的归属，提出改进措施并加以贯彻执行。一般采取以下步骤。

第一，提出降低物流成本的课题。从各种物流成本超支项目中寻找降低物流成本的课题，课题一般是成本降低潜力大、可能改进的项目，提出课题的目的、内容和预期要达到的效益。

第二，讨论和决策。发动有关部门人员进行广泛的研讨，尽可能提出多种解决方案，从中选择最优方案。

第三，确定方案实施的方法、步骤和负责执行的人员。

第四，贯彻执行方案。执行过程要加强监督检查，检查其经济效益及是否实现预期目标。

(四) 评价和激励

评价物流成本目标的执行结果，根据物流成本绩效实施奖惩。

五、物流成本控制应注意的问题

进入21世纪以来，全球经济一体化的趋势越来越明显，随着竞争的日益加剧，物流成本控制的目标不仅仅是降低物流成本，而且要通过物流的合理化，合理配置企业资源，优化业务流程，提高供应链绩效，才能提高企业的利润，从而提升企业的竞争力。在企业物流成本控制中要注意以下要点。

(一) 物流成本控制与服务质量控制相结合

由于提高物流服务质量水平与降低物流成本之间存在着"效益背反"的矛盾关系，因此在进行物流成本控制时，必须搞好物流成本控制与服务质量控制的结合。物流成本控制的目标是以最低的物流成本，实现客户预期的物流服务水平，或者是以一定的物流成本去实现最高的客户服务水平。要正确处理降低物流成本与提高服务质量的关系，谋求物流效益的提高。

(二) 局部控制与整体控制相结合

局部控制是对某一物流功能或环节耗费成本的控制,而整体控制是对全部物流成本的系统控制,物流成本控制的重要原则是对物流成本的整体控制。例如,航空运输的运费比其他运输方式的要高,但航空运输可以减少包装费,保管费几乎为零,而且没有时间上的损失,

因此不能光从运输费用这一项来判断整个物流费用的削减与否。

(三) 全面控制与重点控制相结合

物流系统是一个多环节的开放系统,在进行物流成本控制时必须遵循全面控制的原则。但是,根据重点管理的基本原则,应当对物流活动及对其经济效果有重要影响的项目和因素严加控制,如对物流设备投资、贵重包装以及能源等物流成本项目实行重点控制,提高物流成本控制的效果。

(四) 经济控制与技术控制相结合

物流成本是一个经济范畴,实施物流成本管理必须遵循经济规律,广泛运用利息、奖金、定额、利润、责任结算、绩效考核等经济手段。同时,物流管理又是一项技术性很强的工作,必须改善物流技术和提高物流管理水平,通过物流作业的机械化、自动化,以及运输管理、库存管理、配送管理等技术的充分运用,降低物流成本。

(五) 专业控制与全员控制相结合

专业的物流成本控制是必要的,如运输部门对运输费用的控制,仓储部门对保管费用的控制,财会部门对全部费用的控制。但是更要加强

物流成本全员控制的意识，形成严密的物流成本控制网络，才能最终达到降低物流成本的目的。

六、物流成本控制的途径

(一) 从流通全过程降低物流成本

对一个企业来讲，控制物流成本即追求本企业物流的效率化，应该考虑从产品制成到最终用户整个供应链过程的物流成本效率化。比如，物流设施的投资或扩建与否要视整个流通渠道的发展和要求而定。

(二) 从营销策略角度降低物流成本

提高对顾客的物流服务是企业确保市场营销目标实现的最重要的手段，从某种意义上说，提高顾客的物流服务水平是降低物流成本的有效方法之一。但是，超过必要量的物流服务不仅不能使物流成本下降，反而有碍于物流效益的实现。例如，多频度、少量化经营的扩大，对配送的要求越来越高，在这种情况下，如果企业不充分考虑用户的产业特点和运送商品的特性，只是简单化地实现即时配送或小包装发货，无疑将大大增加企业的物流成本。所以，在正常情况下，为了提高对顾客的物流服务，防止出现过剩的物流服务，企业应在考虑用户的产业特点和运送商品特性的基础上，与顾客充分沟通、协调，共同实施降低物流成本的方法，由此产生的利益与顾客分享，从而使物流成本的管理直接为市场营销目标服务。

(三) 从信息系统角度控制物流成本

企业内部的物流效率仍然难以使企业在不断激化的竞争中取得成本

上的竞争优势,为此,企业必须与其他交易企业之间形成一种效率化的交易关系。即借助于现代信息系统,使各种物流作业能准确、迅速地进行,建立起物流战略系统。

(四) 从效率化配送角度控制物流成本

对应用户的订货要求建立短时期、准确的物流系统,是企业物流发展的客观要求,但伴随配送产生的成本费用要尽可能降低,特别是多频度、小单位配送的发展,更要求企业采用效率化的配送方法。企业要实现效率化的配送,就必须提高装载率,重视车辆运行管理、配送方案优化等。

(五) 从物流外包角度控制物流成本

从运输手段讲,可以采用一贯制运输来降低物流成本。即对从制造商到最终消费者之间的商品运送,利用各种运输工具的有机衔接来实现,运用运输工具的标准化以及运输管理的统一化,来减少商品周转、装载过程中的费用和损失,并大大缩短商品的在途时间。

物流外包是利用企业外部的分销公司、运输公司、仓库或第三方货运人执行本企业的物流管理或产品分销的全部或部分职能。其范围可以是对传统运输或仓储服务的有限的简单购买,或者是广泛的包括对整个供应链管理的复杂的合同。它可以是常规的,即将先前内部开展的工作外包;或者创新地有选择地补充物流管理手段,以提高物流效益。

(六) 从提高服务质量角度控制物流成本

控制物流成本的目的在于加强物流管理、促进物流合理化。物流是否合理取决于两个方面:一方面是对客户的服务质量水平;另一方面是物流费用的水平。如果只重视降低物流成本,可能就会影响客户服务质量,这是行不通的。一般说来,提高服务质量水平与降低物流成本之间存在着一种"效益背反"的矛盾关系。因此,在进行物流成本控制时,必须确保服务质量控制与物流成本控制的结合。要正确处理降低成本与提高服务质量的关系,从二者的最佳组合上,谋求物流效益的提高。

第四节 物流成本决策

一、物流成本决策的相关概念

(一)相关收入与无关收入

相关收入是指与特定决策方案相联系的、能对决策产生重大影响的、在短期经营决策中必须予以充分考虑的收入,又称有关收入。

如果某项收入只属于某个经营决策方案,即若有这个方案存在,就会发生这项收入,若该方案不存在,就不会发生这项收入,那么,这项收入就是相关收入。相关收入的对立概念是无关收入。如果无论是否存在某决策方案,均会发生某项收入,那么就可以断定该项收入是上述方案的无关收入。

(二)相关成本与无关成本

相关成本是指与特定决策方案相联系的、能对决策产生重大影响的、在短期经营决策中必须予以充分考虑的成本。相关成本是对决策有影响的未来成本,如差量成本、边际成本、机会成本、付现成本、专属成本、酌量性（可选择）成本等。

无关成本是指凡不受决策结果影响，与决策关系不大，已经发生或注定要发生的成本。

相关成本与无关成本的区分并不是绝对的。有些成本在某一决策方案中是相关成本，而在另一决策方案中却可能是无关成本。无关成本是对决策没有影响的成本，如沉没成本、共同（联合）成本、约束性成本等。

1. 差量成本与边际成本

按照成本的差异性可将成本分为：差量成本和边际成本。

差量成本是指企业在进行经营决策时，根据不同备选方案计算出来的成本差异。

从理论上讲，边际成本是指产量（业务量）向无限小变化时，成本的变动数额。（纯经济学角度）事实上，产量不可能向无限小变化，至少应为1个单位的产量。因此，边际成本也就是产量每增加或减少一个单位所引起的成本变动数额。

2. 机会成本（失去的收益）

机会成本是在最优选择中所放弃的次优方案所能产生的收益。企业进行经营决策时，必须从多个备选方案中选择一个最优方案，而放弃其他的方案。被放弃的次优方案可能获得的潜在利益就称为已选中最优方案的机会成本。

机会成本产生于某项资产的用途选择。如果一项资产只能用来实现某一职能而不能用于实现其他职能时，则不会产生机会成本。如公司购买的一次还本付息债券和可转让债券。机会成本仅仅是被放弃方案的潜在利益，而非实际支出，因而不能据以登记入账。

3. 沉没成本与付现成本

按照成本的时效性，可将成本分为：沉没成本、付现成本。

沉没成本（已经发生的成本）指已经发生的成本，无法在现在或将来的决策中改变的成本。它是对现在或将来的任何决策都无影响的成本。

付现成本（将要发生的成本）是可以由现在或将来的决策改变其支出金额的成本。付现成本是决策必须考虑的重要影响因素。

4. 专属成本与共同成本

固定成本还可以按其所涉及范围的大小，划分为专属成本和共同成本。

专属成本是指可以明确归属于企业生产的某种产品或某个部门发生的成本。

共同成本也叫联合成本，是为多个产品生产或多个部门提供服务而发生的共同成本。

在进行方案选择时，专属成本是与决策有关的成本，必须予以考虑；而联合成本则是与决策无关的成本，可以不予以考虑。

5. 酌量性（可选择）成本与约束性成本

固定成本按照是否能够随管理者的行动改变而改变，可划分为酌量性（可选择）成本和约束性成本两部分。一般说来，可选择成本是相关成本，约束性成本是无关成本。相关成本与无关成本的区分并不是绝对的。有些成本在某一决策方案中是相关成本，而在另一决策方案中却可能是无关成本。

二、成本决策的类型

熟悉决策分类是管理者需要具备的基本知识,是帮助管理者在面临各种决策时保持良好心理素质和决策技能的基本前提。决策按不同的分类标准,分为以下五类。

(一)按决策时间的长短分类

按决策时间的长短可分为短期决策和长期决策。短期决策一般是指在一个经营年度或经营周期内能够实现其目标的决策,涉及的时间在一年(包括一年)以内。长期决策是指在较长时期内才能实现其目标的决策,涉及的时间超过一年。这与会计中划分流动资产与长期资产的时间标准基本一致。

(二)按决策的重要程度分类

按决策的重要程度可分为战略决策和战术决策。战略决策是指关系到企业未来发展方向、大政方针的全局性重大决策,涉及企业的经营方针和长远规划,决定了企业的发展规划,甚至成败,一般涉及的收益时间在一年以上,甚至更长。战术决策是指为达到预期的战略决策目标,完成企业日常经营活动所做的局部性决策,一般涉及的时间比较短,在一年以内。

(三)按决策条件的肯定程度分类

按决策条件的肯定程度可分为确定型决策、风险型决策和不确定型决策。确定型决策是指决策所涉及的各种备选方案面临的各项条件是已知的,且一个方案只有一个确定的结果的决策。不确定型决策是指决策所涉及的各种备选方案的各项结果只能以决策者的经验判断确定的主观概率作为决策依据,其决策的难度较大,各种决策条件都不确定。风险型决策所涉及的各备选方案的各项条件虽然是已知的,但是其执行结果不唯一,介于确定型和不确定型决策之间,一般借助于概率来进行决策。

(四) 按决策方案之间的关系分类

按决策方案之间的关系可分为单一方案决策、互斥方案决策和组合方案决策。单一方案的决策是指只需要对一个备选方案做出接受或决策的决策,决策中涉及的资源只有唯一的用途。互斥方案决策是指在两个或两个以上相互排斥的备选方案中选出一个最好方案的决策,方案中涉及的资源有两种或两种以上的用途,但是用了某种用途就不能用于另一种用途。组合方案决策是指在企业资源总量受到一定限制的条件下,从多个备选方案中选出一组最优的组合方案,使企业的综合经济效益达到最优。

(五) 按决策的重复程度分类

按决策的重复程度可分为程序化决策和非程序化决策。程序化决策是指例行的或重复性的决策,这种决策比较简单,只需要按照事先规定好的程序去做就行。非程序化决策是指复杂的非例行的决策,这种决策独一无二,其决策难度大,需要按决策程序一步步进行。

三、物流成本决策的原则

(一) 最优化原则

最优化原则要求企业确定的方案要以最少的资源消耗取得最大的经济效益,或者是以最低的成本取得最高的产量和最大的市场份额,从而获取最多的利润。

决策的过程就是对不同备选方案按照最优化原则进行选择的过程,而对不同备选方案的择优的基本形式有两种,具体如下。

一是将备选方案的所得(如收入)与所费(如成本)进行比较,只要所得扣除所费为最大,即达到收益的最大化,则该备选方案就具有优选性。

二是将不同备选方案的所费进行比较,凡是所费资源最少,或者说节约的资源最大,就越可优选。

可见,无论采取哪种形式,成本的高低都是决定备选方案取舍的重要因素,即成本的最小化原则。

(二) 系统原则

系统原则要求企业决策时要以系统的总体目标为核心,以满足系统优化为准则,强调系统配套、系统完整和系统平衡,从整个经营管理系统出发来权衡利弊。

(三) 信息准确、完整原则

信息准确、完整原则要求企业决策前要充分地占有信息,尽量避免信息不全而导致决策失误。决策后也要注重收集信息,通过信息反馈,企业可以了解决策实施结果与期望目标的偏离情况，以便及时进行调节和纠正。

（四）可行性原则

可行性原则要求企业决策前必须从技术、经济和社会效益等方面综合考虑，确保企业的决策方案切实可行。

（五）集团决策原则

集团决策原则要求企业决策时要依靠智囊团，对要决策的问题进行系统的调查研究，掌握第一手资料，通过方案论证、综合评估并对比选择最优方案，而不能依靠几个专家的简单讨论或少数服从多数的表决来进行决策。

四、物流成本决策的方法

（一）基本方法

1. 相关损益分析法

$$甲方案相关损益=甲方案相关收入-甲方案相关成本$$

相关损益指标是一个正指标，决策根据方案的相关损益来判断，哪个方案的相关损益最大，哪个方案最优。具体有以下几种方法。

（1）贡献边际总额分析法

贡献毛益分析法是在成本性态分析的基础上，通过比较各备选方案贡献毛益的大小来确定最优方案的分析方法。

$$甲产品贡献边际=甲产品收入-甲产品变动成本$$

贡献边际总额是个正指标,决策标准:哪个方案的该项指标大,哪个方案为优。

(2) 单位资源贡献边际分析法

$$单位资源贡献边际 = \frac{单位贡献边际}{单位产品资源消耗定额}$$

$$= \frac{贡献边际总额}{资源消耗总额}$$

单位资源贡献边际是个正指标,判断标准:哪个方案的该项指标大,哪个方案为优。

(3) 剩余贡献边际法

$$剩余贡献边际 = 贡献边际总额 - 专属成本$$

剩余贡献边际也是个正指标,决策标准:哪个方案的该项指标大,哪个方案为优。在利用已有的生产能力,选择生产何种产品、提供何种新服务时,一般采用贡献边际分析法进行决策。

主要应注意以下几点:①在不存在专属成本时,比较贡献边际总额;②在存在专属成本时,比较剩余贡献边际总额;③资源有限时,比较单位资源贡献边际额。

(4) 直接判断法

直接判断法是指通过比较方案是否具备有关判断条件直接做出决策的方法。

2. 差别损益分析法

差别损益分析法,也叫差量分析法,以差量损益作为最终的评价指标,由差量损益决定方案取舍的一种决策方法。其通常被用于在两个方案中的优选和单一方案的取舍。

例如，对方案甲和乙进行差量损益分析。其计算公式为：

甲比乙差别损益=差量收入（甲-乙）-差量成本（甲-乙）

＝甲相关损益-乙相关损益

如果计算出差量损益>0，则前一方案优于后一方案；相反，则后一方案为优。

差量收入是一个备选方案的相关收入与另一个备选方案的相关收入的差额，即两个备选方案的预期收入的差异额。

差量成本是一个备选方案的相关成本与另一个备选方案的相关成本的差额，即两个备选方案的预期成本的差异额。

差量损益是差量收入和差量成本的差异额。

根据差别损益做出决策的判断标准：①若甲比乙差别损益大于零，则甲方案优于乙方案；②若甲比乙差别损益等于零，则甲方案与乙方案的效益相同；③若甲比乙差别损益小于零，则乙方案优于甲方案。

3. 相关成本分析法

相关成本分析法指当有关决策方案的相关收入一致，均为零时（即不考虑收入，或收入相同），可以只对比有关决策方案的相关成本，即计算在不同备选方案下物流总成本的数值，以总成本最低的那个方案作为最终的优选方案。相关成本是个反指标，决策标准：哪个方案的相关成本最低，哪个方案最优。相关成本分析法可以算是差量损益分析法的变形。

相关成本分析法的变形主要是成本无差别点分析法。

使用成本无差别点分析法的关键是寻找使两个或多个方案的成本相等的业务量，这点业务量称为成本无差别点，然后，根据备选方案在无差别点两侧的总成本的高低，结合实际业务量数额，选择最优方案。

相关成本分析法是在各个备选方案收入相同的情况下，通过分析比较每个备选方案的相关成本，以相关成本最低的方案为最优方案。其最常见的方法是成本无差别点法。

成本无差别点法也是以成本高低作为决策依据。在各个备选方案的收益值相等或无收益值时，且备选方案的业务量未知的情况下，计算两个备选方案相关总成本相等时的业务量，是进行决策的一种方法。

物流成本决策要进行方案的分析比较，是一个分析判断过程，结果是选择满意的方案。所以，物流成本决策要有明确的目的，多方案抉择是科学物流成本决策的重要原则。

物流成本决策过程中应注意的问题：应全面考虑物流各成本因素，注意决策成本，站在综合物流的角度进行设计决策方案，注意决策相关成本和非相关成本划分，尽量避免决策失误导致的沉没成本，考虑企业资源的机会成本等。

(二) 物流成本决策的一般方法

物流成本决策的方法很多，最常用的有量本利分析法、期望值决策法、决策树法、乐观准则、悲观准则、后悔值准则、成本无差别点分析法、重心法、差量分析法、线性规划法等。

1. 量本利分析法

量本利分析法是针对确定性决策的一种求解方法。它就是研究决策方案的销量、生产成本与利润之间的函数关系的一种数量分析方法，是从目标利润或目标成本出发，来确定合理的物流业务量或业务规模的方法。

2. 期望值决策法

期望值法是针对风险性决策的一种求解方法。它以收益和损失矩阵为依据，分别计算各可行方案的期望值，选择其中收益值最大的方案作为最优方案。在某一确定方案的情况下，根据不同的状态可能出现的概率可计算出期望值。

3. 决策树法

决策树法也是针对风险性决策的一种求解方法。它是决策局面的一种图解，是按一定的方法绘制好决策树，用树状图来描述各种方案在不同自然状态下的收益，然后用反推的方式进行分析，据此计算每种方案的期望收益从而做出决策的方法。

4. 乐观准则、悲观准则、后悔值准则

乐观准则、悲观准则、后悔值准则是针对不确定性决策的求解方法。乐观准则也称大中取大法；悲观准则也称小中取大法；后悔值准则需要计算后悔值，所谓后悔值也称机会损失值，是指在一定自然状态下由于未采取最好的行动方案，失去了取得最大收益的机会而造成的损失。

5. 成本无差别点分析法

成本无差别点分析法就是对不同的备选方案首先计算成本无差别点，然后把它作为数量界限来筛选最优方案的一种决策分析方法。成本无差别点是指两个备选方案在总成本相等时的业务量。当预计业务量低于成本无差别点时，则固定成本较小，单位变动成本较大的方案为较优方案；当预计业务量高于成本无差别点时，则固定成本较大，单位变动成本较小的方案为较优方案。

6. 重心法

重心法是一种模拟方法，它是将物流系统中的需求点和资源点看成是分布在某一平面范围内的物体系统，各点的需求量和资源量看成是物体的重量，物体系统的重心作为物流网点的最佳设置点，利用求物体系统重心的方法来确定物流网点的位置。

7. 差量分析法

差量分析法是根据两个备选方案的"差量收入"与"差量成本"的比较所确定的"差量损益"来确定哪个方案最优的方法。"差量收入"是指两个备选方案的预期相关收入之间的差额；"差量成本"是指两个备选方案的预期相关成本之间的差额。如果"差量损益"小于零，则后一个方案较优；如果"差量损益"大于零，则前一个方案较优。应当注意，在计算时，方案的先后排列顺序必须一致。另外，如果有多个方案供选择时，可两两比较，最终来确定最优方案。

8. 线性规划法

线性规划法用来解决资源的合理利用和合理调配问题。具体来说有两个方面，一是当计划任务已确定时，如何统筹安排，以最少的资源来完成任务；二是当资源的数量已确定，如何做到合理利用、配置，使完成任务最大化。线性规划的实质是把经济问题转化为数学模型进行定量分析，通过求函数极大值或极小值来确定最优方案。

第四章 物流成本的系统分析

第一节 物流作业成本分析

物流作业成本分析是帮助计算物流成本的重要步骤,物流成本计算是物流成本管理的基础,物流成本计算的科学、准确与否影响着物流成本管理水平的高低。

一、物流作业

(一)物流作业的概念

作业,按汉语的字面意义可理解为:①所从事的工作、业务;②劳动,从事生产工作;③为完成生产、学习、军事训练等任务而布置的活动。

关于物流作业的概念,国家质量技术监督局于 2001 年 4 月 17 日批准颁布的《中华人民共和国国家标准物流术语》(GB/T 18354—2001)给出了如下界定:物流是物品从供应地向接收地的实体流动过程。根据实际需要,将运输、储存、装卸、搬运、包装、流通加工、配送、信息处理等基本功能实施有机结合。物流作业是实现物流功能时所进行的具体操作活动。

在这里需要引起注意的是：①物流作业的目的是有效地实现物流功能；②物流作业的表现方式是一系列操作活动。

(二) 物流作业的种类

一般来说，作业可以分为四个层次。

1. 单位水准作业

单位水准作业是指针对每个单位产出所要执行的作业活动，这种作业的成本与产出量成比例变动。

2. 批别水准作业

批别水准作业指针对每批产品生产时，所需要从事的作业活动，如对每批产品的机器准备、订单处理、原料处理、检验及生产规划等。这种作业的成本与产品批数成比例变动，是该批产品所有单位产品的固定（或共同）成本，与该批的产量多少无关。

3. 产品水准作业

产品水准作业是指为支持各种产品的生产而从事的作业活动，这种作业的目的是服务于各项产品的生产与销售。例如，对一种产品编制材料清单、数控规划、处理工程变更、测试线路等。这种作业的成本与单位数和批数无关，但与生产产品的品种成比例变动。

4. 维持水准作业

维持水准作业是为维持工厂生产而从事的作业活动，它是为支持厂务一般性制造过程的作业活动，如暖气、照明及厂房折旧等。这种作业的成本，为全部生产产品的共同成本。

以厂房营运费用为例，可说明作业层次与相关费用之间的关系。与单位水准作业有关的费用大部分是共同分摊的间接费用，且此费用与产量相关。这里要说明的是，单位水准作业的成本并不一定就是直接成本。例如，电费是共同消耗的费用，很难直接归属到某种产品，而此作业的成本却是与产出量的多少直接正相关的。所以，如果这种单位水准作业占的比例越大，以传统数量为基础的成本分摊方法造成的成本扭曲也就相对越小。相反，批次水准、产品水准及维持水准的作业越多，传统成本分摊方法造成的成本转移就会越明显。显然，在目前少批量、多批次、多品种生产和作业的情况下，批次水准、产品水准和维持水准的作业越来越多，从而利用作业成本法也就显得更加必要。

（三）物流作业的重要内容

1. 采购作业

采购作业又包括供应商管理、向供应商订货、货物验收和货物入库等作业。

（1）供应商管理

具体来说又包括采购合约签订、订货、进货、验收、付款等作业。

（2）向供应商订货

向供应商订货的作业一般先由电脑考虑周转率、缺货率、前置时间、存货状况等，自动建议订货，再由人工决定。由电脑考虑季节性因素，算出过去出货资料的平均预估出货量，到了订购点，电脑自动列印出"订购建议表"，经过人工修订，将信息传给上游厂商。该项作业的成本主要包括存货控制、操作电脑的人工及订单处理成本等。

（3）货物验收

每进一托盘就要仔细清点，包括品质、制造日期等。当货物送来时，原则上采取诚信原则，以点箱数方式验收，但对高单价商品以开箱点数验收。

（4）货物入库

如果货物为整箱则放置在托盘上，所使用的托盘若为标准托盘，则可直接入库；若厂商使用非标准托盘，则需要第二次搬运至标准托盘上，可通过洽谈由上游厂商自行负责搬运。如果货物是非整箱进货，则须人力搬运。

2. 销售订单处理

订单若以电子订货系统传来，无须输入工作；以传真方式传来，则必须有专人做输入工作。若通过网络传到仓库现场的电脑，则不需要打印拣货单；若未与仓库现场联网，则须有人按批次打印拣货单，交给仓库现场人员拣货。

在销售订单处理作业上，也要花人力在接电话时确认、回答客户咨询等工作上。

3. 拣货作业

拣货方式若为半自动化拣货，则不必人为判断商品，只看编号，人工动作主要为搬运货物及电动拖板车的行进。

4. 补货作业

补货作业的步骤通常有：①人工从事割箱工作；②人工从事补货工

作,一箱一箱补货;③由专人操作堆高机从事堆高机补货工作,在此情况下补货单为托盘一个。

5. 配送作业

配送作业的基本工作流程与步骤如下。

第一,接受订单后由电脑系统依货量、路线、重量因素做配车工作,再由人工依需要调整。

第二,电脑打印派车单,配送人员根据派车单到现场拉货并与各门市进行送货品项的核对。

第三,拉货上车。

第四,配送运输。

第五,卸货,这是配送人员最辛苦的工作,有些商家要求直接卸在店内,有些则要求卸货上架。

第六,点收。

6. 退货作业

采购进货时验收不符则当场退货。储存在仓库的损坏,则依合同退货给厂商。客户退回商品时由司机运回放置在仓库内,由专人将商品整理分类,有些商品要报废,有些要重新上架,有些可以退回给厂商。

二、物流作业成本法

(一) 物流作业成本法的概念

物流作业成本法是以作业成本计算为指导,将物流间接成本更为准确地分配到物流作业、运作过程、产品、服务及顾客中的一种成本计算方法。所谓作业,就是指企业为提供一定量的产品或劳务消耗的人力、技术、原材料、方法和环境等的集合体。或者说,作业是企业为提供一定的产品或劳务发生的以资源为重要特征的各项业务活动的统称。物流作业包括运输作业、储存与保管作业、包装作业、装卸搬运作业、流通加工作业、信息处理作业等,由这些作业构成物流整体作业。

作业成本法的基本思想是在资源和产品之间引入一个中介作业。由于产品的生产要受到不同作业活动的影响,不同作业活动消耗资源费用的水平不同,因而不能把耗用的资源按产量等因素均衡地分配到产品中,而应先按作业活动归集发生的间接费用,然后根据决定或影响作业活动发生的因素,将其分配给不同的产品。其基本原理是:作业消耗资源,产品消耗作业,生产导致作业的产生,作业导致成本的发生。作业成本法首先以作业为间接费用归集对象,归集间接费用,形成作业成本;再按不同作业的形成原因(成本动因),将其逐一分配到产品或产品线中。

(二)物流作业成本法的基本原理

目前,作业成本法是被认为确定和控制物流成本最有前途的方法。作业成本法应用于物流成本核算的理论基础是,产品消耗作业,作业消耗资源并导致成本的发生。作业成本法把成本核算深入到作业层次,它以作业为单位收集成本,并把"作业"或"作业成本池"的成本按作业动因分配到产品。因此,应用作业成本法核算企业物流成本并进而进行管理的基本思路如下。

1. 界定企业物流系统中涉及的各个作业

作业是工作的各个单位,作业的类型和数量会随着企业的不同而不同。例如，在客户服务部门，作业可以包括处理客户订单、解决产品问题、提供客户报告三项作业。

2. 确认企业物流系统中涉及的资源

资源是成本的源泉，一个企业的资源包括直接人工、直接材料、生产维持成本（如采购人员的工资成本）、间接制造费用、生产过程以外的成本（如广告费用）。资源的界定是在作业界定的基础上进行的，每项作业必定涉及相关的资源，与作业无关的资源应从物流成本核算中剔除。

3. 确认资源动因，将资源分配到作业中

作业决定着资源的耗用量，这种关系被称作资源动因。资源动因联系着资源和作业，它把总分类账上的资源成本分配到作业中。

4. 确认成本动因，将作业成本分配到产品或服务中

作业动因反映了成本对象对作业消耗的逻辑关系，例如，问题最多的产品会产生最多客户服务的电话，故按照电话数的多少（此处的作业动因）把解决客户问题的作业成本分配到相应的产品中。

三、物流作业成本的计算步骤

(一) 分析和确定物流作业构成，建立物流作业成本库

1. 要辨别和确认物流作业

作业是工作的各个单位，作业的类型和数量会随着企业的不同而不同。例如，在一个顾客服务部门，作业包括处理顾客订单、解决产品问

题及提供顾客报告。物流作业主要有以下五种：①原材料或劳务的接收、储存、分配，如原材料搬运、车辆调度等；②生产物流活动，如材料准备、设备测试等；③产品集中储存和销售，如库存管理、送货车辆管理、订单处理等；④产品或服务营销，如报价、定价等；⑤企业物流管理、物流会计等活动。

2. 建立物流作业成本库

物流作业成本是成本归集和分配的基本单位，由一项作业或组性质相似的作业组成。建立物流作业成本库时，需从以下几方面考虑：①核算目的。若为获得相对准确的物流成本信息，则应对质相似和量相关的物流作业进行高度合并；若为加强物流作业管理则应以利于物流部门管理为目的，在作业相似的前提下，将次要物流作业合并到主要物流作业中。②作业重要性。对现在和将来重要的物流作业，应将其单独设立为一个物流作业中心。③作业相似性。根据实际情况，合理合并作业动因相同、相似的物流作业。

正确确定物流作业，并建立物流作业中心，是进行物流作业成本计算必不可少的环节，应当引起企业的足够重视。

(二) 分析和确定物流资源

资源是成本的源泉，一个企业的资源包括直接人工、直接材料、生产维持成本（如采购人员的工资成本）、间接制造费用及生产过程以外的成本（如广告费用）。资源的界定是在作业界定的基础上进行的，每项作业必涉及相关的资源，与作业无关的资源应从物流核算中剔除。

(三) 确认物流成本动因

成本动因是指诱发企业成本发生的各种因素，也是引发成本发生和变化的原因，可分为资源动因和作业动因。物流资源动因反映了物流作业量与资源耗费间的因果关系，说明资源被各作业消耗的原因、方式和数量。因此物流资源动因是把资源分摊到作业中去的衡量标准。作业成本计算要观察、分析物流资源，为每一项物流资源确定动因，如仓库面积、体积是仓库折旧的资源动因。物流作业动因是最终成本对象耗费物流作业的原因和方式，反映成本对象使用物流作业的频度和强度，如商品检验活动的作业动因是商品检验的次数，是分配、计算商品检验成本的依据。进行物流作业成本计算时，物流成本动因的确认是难度最大也是最关键的步骤，物流成本动因确认不当将影响物流成本的计算。物流成本动因可分为以下五种：

（1）作业批次数量。它引起了物流作业计划的制订、机械设备调试成本的发生。

（2）购货单数量。它引起了采购、收货部门物流成本的发生。

（3）发货单数量。它引起了发货部门物流成本的发生。

（4）销货单和用户的数量。它驱动了销售部门物流成本的发生。

（5）物流职工人数和工作通知单的数量。它是后勤服务和管理部门物流成本发生的原因。

应辨别成本动因种类，以此确定适当的物流成本动因。例如，生产准备部门工人的工资分配，以人工小时为资源动因，以生产准备次数为作业动因；采购部门职员的工资分配，以职工人数为资源动因，以采购合同为作业动因。

（四）将计算物流成本分配至成本对象物流

资源是物流成本耗费的基础，分配计算物流成本从分配计算物流资源开始。首先确定好物流资源，根据资源动因把物流资源分配至各物流作业中心，形成物流作业成本库；然后根据作业动因把各作业成本库中的物流成本分摊至各成本计算对象。

（五）计算各成本对象的物流总成本

将成本对象中分摊的各个物流作业加总，即成本对象应负担的间接物流成本，再加上直接物流成本，就是各成本对象的物流总成本，并可据以计算单位物流成本。

物流作业成本法深入到作业，为对间接成本和辅助资源进行更为合理的分配和计算提供了更科学、更准确的物流成本数据。

四、分析与管理物流作业成本

（一）分析物流成本

一般企业在没有物流成本管理基础的情况下可依规定的方法分离出物流成本。取得物流成本信息并不是目的，只是作为加强管理的一种工具。如何根据分离出的物流成本信息加强管理是问题的关键所在。

许多企业发现自己的成本日益增加而失去竞争力，却不知根据上述方法分离出物流成本，无法知道成本增加是由物流成本造成的。因此建议企业根据上述方法计算以下数据。

第一，总物流成本和总营业收入之比。观察其变化趋势，即可观察物流成本占营业收入的趋势变化。

第二，各项物流成本和总物流成本之比。如此可以分析物流管理之重点、应当改善的重点，并在一定期间观察其变化趋势。

按照作业进行成本管理对每项作业所消耗的物流成本进行分析，考虑每项作业成本消耗的合理性，并以此为基础制定作业的成本消耗定额或成本消耗指标，作为对每项作业进行改善和绩效考核的基础。

（二）管理物流成本

物流成本的高低受许多因素的影响，良好的事前作业规划可以降低物流成本，下面提出几个可以降低物流成本的基本方向，在物流成本管理中要注意考虑。

1. 客户的特殊需求

（1）订单所需协调的复杂度

不同客户的订单，需要不同程度的协调。例如，对准时送货的要求，若为15分钟区间，则其所需的协调工作，肯定比3天区间复杂，成本也就相应提高。单项商品订购，其所需协调复杂程度则比整套系统更简单。

（2）运输点的特殊要求

每位客户的运输条件可能不同，有些客户只要求送至商店门口，有些客户可能要求入仓，还有些客户甚至要求每项产品依店面摆设上架。

2. 订单的特性

（1）订单要求的反应时间、到达频率及订购数量

反应时间越紧急，越能提高物流处理的复杂性及成本；下单频率越不规则，越会造成规划的困难。

（2）产品运输属性

产品是整箱上车还是零星散装，严重影响物流配送效率。此外，运输点的位置与集中程度、是否需要做不合格产品回收，这些与成本有关的因素均会影响配送效率。

3. 加工及处理要求

产品加工及处理的特殊要求不同，其发生的物流成本会产生很大的差异。例如，干货与冷冻产品在物流处理上有极大的不同，会大大影响物流成本。此外产品的加工需求、是否需要开箱逐一贴标签再装回，也会影响最终的物流成本及复杂度。

4. 产品特性

产品间的可替代性不同，物流成本的差别也会很大。可替代性程度高的产品，会降低物流作业的复杂度，并会相对降低仓储的压力，因为不需要提供超额存货，以备不确定的需要。

管理者仔细思考上述问题之后，则可按照订单与产品的特性，拟定适合的物流管理政策，以提高客户满意度和物流效率，如此才可有效管理物流成本。

第二节 物流成本习性分析

成本习性也称成本性态，指在一定条件下成本总额的变动与特定业务量之间的依存关系。这里的业务量可以是生产或销售的产品数量，也可以是反映生产工作量的直接人工小时数或机器工作小时数。

成本总额与业务总量之间的关系是客观存在的，而且具有一定的规律性。企业的业务量水平提高或降低时，会影响企业的各种经济活动，进而影响企业的各项成本，使之增减。这就使不同的成本表现出不同的习性特征。

研究成本与业务量的依存关系，进行成本习性分析，可以从定性和定量两方面掌握成本与业务量之间的变动规律，这不仅有利于事先控制成本和挖掘降低成本的潜力，而且有助于进行科学的预测、规划、决策和控制。

一、物流成本习性分类

在物流系统的生产经营活动中，按物流成本的特征，分为变动成本与固定成本，还有部分成本的特征介于变动成本和固定成本之间，人们将其称为混合成本。

（一）变动成本

变动成本是指其发生总额随业务量的增减变化而近似成正比例增减变化的成本，如材料消耗、燃料消耗、工人工资等。这里需要强调的是，变动成本所指的变动对象是成本总额，而非单位成本。就单位成本而言，其与业务量的变化关系是固定的。因为只有单位成本保持固定，变动成本总额才能与业务量之间保持正比例的变化。

1. 变动成本的类型

变动成本可根据其发生的原因进一步划分为技术性变动成本和酌量性变动成本。

(1) 技术性变动成本

技术性变动成本是指其单位成本受客观因素影响、消耗量由技术因素决定的变动成本。例如，运输车辆的耗油量，在一定条件下，其成本就属于受设计影响的、与运输量成正比例关系的技术性变动成本。要降低这类成本，一般应当通过改进技术设计方案，改善工艺技术条件，提高劳动生产率、材料综合利用率和投入产出比率，加强控制及降低单耗等措施来实现。

(2) 酌量性变动成本

酌量性变动成本是指单耗受客观因素决定，其单位成本主要受企业管理部门决策影响的变动成本。例如，按包装量、装卸搬运量计算工资的包装人工费用、装卸搬运人工费用等，就是酌量性变动成本。这类成本的主要特点是，其单位变动成本的发生额可由企业管理层决定。企业要想降低这类成本，应当通过提高管理人员素质，进行合理的经营决策，优化劳动组合，改善成本与效益关系，全面降低材料采购成本，严格控制制造费用的开支等措施来实现。

与固定成本不同，变动成本的水平一般是用单位额来表示的。因为，在一定条件下，单位变动成本不受业务量变动的影响，直接反映各项要素的消耗水平。所以，要降低变动成本的水平，就应该从降低单位变动成本的消耗量入手。显然，由于变动成本是以相应的业务量为基础的，所以只有通过改进技术、更新设备、提高生产率等手段，才能达到降低单位变动成本以相应地降低变动成本总额的目的。

2. 变动成本的特点

(1) 变动成本总额的正比例变动性

变动成本总额的正比例变动性指在相关范围内，其成本总额随着业务量的变动而呈倍数变动的特性。

(2) 单位变动成本的不变性

单位变动成本的不变性指无论业务量怎样变化，其单位成本都保持在原有水平上的特性。

一般来说，运输过程中的直接材料消耗，工作量法计算的折旧额，流通加工成本中的直接材料、直接人工消耗，按包装量、装卸搬运量计算工资的包装人工费用、装卸搬运人工费用等，都属于变动成本的范畴。

(二) 固定成本

固定成本是指成本总额保持稳定，与业务量的变化无关的成本。同样应注意的是，固定成本是指其发生的总额是固定的，而就单位成本而言，却是变动的。因为在成本总额固定的情况下，业务量小，单位产品所负担的固定成本就高；业务量大，单位产品所负担的固定成本就低。固定成本具有如下特点。

第一，固定成本总额的不变性，即在相关范围内，其成本总额总是保持在同一水平上的特性。

第二，单位成本的反比例变动性，即单位固定成本与业务量的乘积恒等于一个常数的特性，即单位成本与业务量成反比关系。员工工资、按直线法计算的固定资产折旧费及其他与业务量无关的成本费用等都属于固定成本范畴。固定成本按其支出数额是否受管理当局短期决策行为的影响，可将其进一步细分为酌量性固定成本和约束性固定成本两类。区分这两类固定成本的意义在于寻求降低该类成本的最佳途径。

1. 酌量性固定成本

酌量性固定成本也称管理固定成本、规划成本和抉择固定成本，是指通过管理层的短期决策行为可以改变其支出数额的成本项目，如广告费、新产品研发费、员工培训费、科研试验费等。这类费用的支出与管理层的短期决策密切相关，即管理层可以根据企业当时的具体情况和财务负担能力，斟酌是否继续维持或调整这部分成本，而对企业的长期目标不会产生太大的影响。酌量性固定成本的降低，应在保持其预算功能的前提下，尽可能减少其支出数额，即只有提高酌量性固定成本的使用效率，才能促使其降低。

2. 约束性固定成本

约束性固定成本也称承诺固定成本，是指通过管理层的短期决策行为不能改变其支出数额的成本项目，即投资于厂房、机器设备及企业基本组织结构的生产能力成本，如固定资产折旧费、财产税、保险费、租赁费、不动产税金等。这部分成本是与管理层的长期决策密切相关的，即和企业经营能力的形成及其正常维护直接相联系，具有很大的约束性，一经形成就能长期存在，短期内难以有重大改变，即使营业中断或裁减，该固定成本仍将维持不变，一般生产能力的水平没有变动时，这部分成本不可能有实质性的降低。约束性固定成本的降低，主要通过经济、合理地形成和利用企业生产能力，提高产品产量和质量。

应该注意的是，酌量性固定成本与约束性固定成本之间并没有绝对的界限，一项具体的固定成本究竟应归属于哪一类，取决于企业管理层特定的管理方式。若该企业的管理层倾向于经常性地分析大多数固定成本项目的可行性，则其固定成本中的酌量性固定成本的比例会较大，反之亦然。

(三) 混合成本

混合成本是指全部成本中介于固定成本和变动成本之间，既随业务量变动又不与其成正比例的那部分成本。把企业的全部成本根据成本性态划分为变动成本和固定成本两大类，是管理会计规划与控制企业经济活动的前提条件。但是，在实务中，往往有很多成本项目不能简单地将其归类于固定成本或变动成本，一些成本明细项目同时兼有变动成本和固定成本两种不同的特性。它们既非完全固定不变，也不随业务量呈正比例变动，不能简单地把它们列入固定成本或变动成本，因而统称为混合成本。

在实际工作中，有许多成本的明细项目属于这类成本。这是因为全部成本在按其性态分类时，必须先后采用"是否变动"和"是否呈正比例变动"双重分类标准，从而全部成本按其性态分类的结果必然产生游离于固定成本和变动成本之间的混合成本。

混合成本与业务量之间的关系比较复杂，按照其变动趋势的不同特点，常见的混合成本有半变动成本、半固定成本和延期变动成本等类型。

1. 半变动成本

半变动成本由两部分组成：一部分是一个固定的基数，一般不变，类似于固定成本；另一部分是在此基数之上随着业务量的增长而增加的成本，类似于变动成本。如企业需要缴纳的大多数公用事业费（电话费、电费、水费、煤气费等）、机器设备的维护保养费及销售人员的薪金等，均属于半变动成本。半变动成本又称典型的混合成本。

2. 半固定成本

半固定成本也称阶梯式固定成本。通常这类成本在相关范围内，其总额不随业务量的增减而变动，但业务量一旦超出相应的范围，成本总额便会发生跳跃式的变化，继而在新的业务量范围内保持相对稳定，直到业务量超出新的范围，成本总额出现新的跳跃为止。

3. 延期变动成本

延期变动成本也称低坡形混合成本，是指在相关范围内成本总额不随业务量的变动而变动，但业务量一旦超出相应的范围，成本总额将随业务量的变动而发生相应的增减变动的成本项目。例如，企业在正常工作时间（或正常产量）的情况下，对员工所支付的工资是固定不变的，但当工作时间（或正常产量）超过规定水准，则要按加班时间的长短成比例地支付加班费。所有为此支付的人工成本都属于延期变动成本。

二、混合成本及其分解

企业为了规划与控制企业的经济活动，必须首先将全部成本按其性态划分为固定成本和变动成本两大类。要采用不同的专门方法将混合成本最终分解为固定成本和变动成本两部分，再分别纳入固定成本和变动成本两大类中，这就叫作混合成本的分解。对混合成本进行分解后，可以将整个运营成本分为固定成本与变动成本两个部分，在此基础上进行物流成本的分析与管理。事实上，在物流系统的运营过程中，混合成本所占的比例是比较大的，可见，混合成本的分解对于有效的成本分析起着非常重要的作用。

常见的用于分解混合成本的方法有两大类：一类是侧重于定性分析的方法，如账户分析法、合同确认法、技术测定法等。采用这类分析方法，就是根据各个成本账户的性质、合同中关于支付费用的规定、生产过程中各种成本的技术测定等来具体分析，进而确认哪些成本属于固定成本，哪些成本属于变动成本。另一类是历史成本分析法，即利用一定期间的业务量与成本数据，采用适当的数学方法进行分析，确定所需要分解的混合成本的函数方程式，进而将其分解为固定成本和变动成本。常用的此类方法有高低点法、散布图法和回归直线法。

(一) 定性分析方法

1. 账户分析法

账户分析法也称会计分析法，根据各个成本项目及明细项目的账户性质，通过经验判断，把那些与变动成本较为接近的划入变动成本，把那些与固定成本较为接近的划入固定成本，至于不宜简单地划入变动成本或固定成本的项目，则可通过一定比例将它们分解为变动成本和固定成本两部分。账户分析法的优点是简单明了，分析的结果能清楚地反映出具体成本项目，实用价值较高；账户分析法的缺点是分析的工作量大，主观性较强。

2. 合同确认法

合同确认法是根据企业与供应单位所订立的合同（或契约）中关于

支付费用的具体规定来确认费用性态的方法,如电话费、保险费、水费、电费、燃气费等。例如,对于电话费而言,电信局每月向用户收取的基本费用,可以看作固定成本,按照用户的通话次数计收的费用则是变动成本。合同确认法的优点是成本分析比较准确,但其应用范围较小,只限于签有合同生产经营项目的成本的分析。

3. 技术测定法

技术测定法是根据生产过程中消耗量的技术测定和计算来划分成本的变动部分和固定部分的混合成本分解方法。例如,通过技术测定,把热处理电炉的预热耗电成本(初始量)划归为固定成本,把预热后进行热处理的耗电成本划为变动成本。这种方法的优点是划分比较准确,缺点是工作量较大,一般适用于新建企业或新产品的成本分析。

(二) 历史成本分析法

历史成本分析法是根据混合成本在过去一定期间内的成本与业务量的历史数据,采用适当的数学方法加以分解,来确定其中固定成本总额和单位变动成本的平均值。在实际工作中,最常用的数学方法有高低点法、散布图法、回归直线法三种。

1. 高低点法

高低点法也称两点法,是根据企业一定期间历史数据中的最高业务量(高点)和最低业务量(低点)之差,以及它们所对应的混合成本之差,计算出单位变动成本,进而将混合成本最终分解为固定成本和变动成本的方法。

由于混合成本包含变动成本和固定成本两种因素,因此它的数学模型同总成本的数学模型类似。高低点法的计算公式为：

$$单位变动成本 = \frac{最高业务量的成本 - 最低业务量的成本}{最高业务量 - 最低业务量}$$

固定成本 =（最高业务量的成本 - 最高业务量）×单位变动成本

=（最低业务量的成本 - 最低业务量）×单位变动成本

高低点法分解成本简便易行，有助于管理人员迅速确定成本关系。但这种方法只以诸多历史数据中的高点和低点两种情况来取代其他数据，进而确定一条直线，并以该直线代表所有历史数据。如果最高点和最低点是偏离较大的点，它们所代表的可能是非典型的成本—业务量关系，其结果将是不太准确的。

2. 散布图法

散布图法也称布点图法、目测画线法，是指将若干期业务量和成本的历史数据标注在业务量和成本构成的坐标图上，形成若干个散布点，然后根据目测画一条尽可能接近所有坐标点的直线，并据此来推测固定成本和变动成本的一种方法。运用散布图法的第一步就是将各点画出，以便确定生产成本与业务量的关系。

散布图法利用散布图分解混合成本，综合考虑了一系列观测点上业务量与成本的依存关系，显然，分解的结果较高低点法准确。但散布图法的缺陷是选择最佳直线时缺乏客观标准，成本方程式的质量取决于分析者主观判断的质量，有时误差比较大。

3. 回归直线法

回归直线法也称最小平方法，是根据最小平方法原理，从大量历史数据中计算出最能反映成本变动趋势的回归直线方程式，并以此作为成本模型的一种成本性态分析方法。

回归直线法使用了误差平方和最小的原理，相对于高低点法和散布图法，结果更为精确；但计算过程较烦琐，适用于计算机操作。

三、总成本公式及其成本性态模型

根据以上的分析，全部成本依其性态可分为固定成本、变动成本和混合成本三大类，其中混合成本又可分解为固定部分和变动部分。企业的总成本公式如下：

总成本＝固定成本总额＋变动成本总额

＝固定成本总额＋（单位变动成本×业务量）

第五章　物流成本的日常控制

第一节　运输成本控制

一、运输成本控制概述

（一）运输成本控制的含义

运输成本控制是指企业在运输活动中根据一定时期预先建立的成本管理目标，由成本控制主体在其职权范围内，对各种影响成本的因素和条件采取的一系列预防和调节措施，以保证成本管理目标实现的管理行为。

运输成本控制，应根据运输成本的特性和类别，在运输成本的形成过程中，对其事先规划，事中指导、限制和监督，事后分析评价，总结经验教训，不断采取改进措施，使企业的运输成本不断降低。

（二）运输成本控制的原则

1. 经济原则

经济原则是指因推行成本控制而发生的成本，不应超过因缺少控制而丧失的收益。经济原则在很大程度上决定了只在重要领域中选择关键因素加以控制，而不对所有成本都进行同样精密的控制。经济原则要求成本控制能起到降低成本、纠正偏差的作用，具有实用性。提高经济效益的核心是经济原则，是运输成本控制的最基本原则。

2. 全面原则

即成本控制必须遵循全过程控制、全方位控制、全员控制。

3. 责、权、利相结合原则

只有切实贯彻责、权、利相结合的原则，运输成本控制才能真正发挥其效益。运输企业管理在要求内部各部门和单位完成运输成本控制职责的同时，必须赋予其在规定的范围内有决定某项费用是否可以开支的权力。

4. 目标控制原则

企业管理以既定的目标作为管理人力、物力、财力和完成各项重要经济指标的基础，即以目标运输成本为依据，对企业经济活动进行约束和指导，力求以最小的运输成本，获取最大的盈利。

5. 重点控制原则

重点控制原则就是对超出常规的关键性差异进行控制，旨在保证管理人员将精力集中于偏离标准的一些重要事项上。运输企业日常出现的成本差异成千上万、头绪繁杂，管理人员对异常差异重点实行控制，有利于提高运输成本控制的工作效率。重点控制是企业日常控制所采用的一种专门方法，盛行于西方国家，特别是在对运输成本指标的日常控制方面应用得更为广泛。

二、运输成本控制的基本程序

运输成本控制应贯穿于企业生产经营的全过程,一般来说,运输成本控制应包括以下四项基本程序。

(一)制定成本标准

细化运输成本计划中规定的各项指标,厘清与其他技术经济指标的关系(如和质量、生产效率等的关系),为完成企业总体目标择优选用相应方案。

(二)监督运输成本的形成

进行三项日常控制活动:运输相关直接费用的日常控制、运输相关工资费用的日常控制、运输相关间接费用的日常控制。

(三)及时揭示并纠正不利偏差

提出降低运输成本的课题讨论和决策,确定方案实施的方法以及贯彻执行确定的方案。

(四)评价和激励

评价运输成本目标的执行结果,根据运输成本控制的业绩实施奖惩。

三、运输成本的计算方法

(一)成本比较法

如果不将运输服务作为竞争手段,那么能使该运输服务的成本与该运输服务水平导致的相关间接库存成本之间达到平衡的运输服务就是最佳服务方案，即：运输的速度和可靠性会影响托运人和买方库存水平（订货库存和安全库存）以及他们之间的在途库存水平。如果选择速度慢、可靠性差的运输方式，物流渠道中就需要有更多的库存。这样，就需要考虑库存持有成本可能升高，而抵消运输服务成本降低的情况。因此，最合理的方案应该是既能满足顾客需求，又能使总成本最低的服务。

（二）竞争因素法

运输方式的选择如直接涉及竞争优势，则有必要考虑竞争因素。当制造商通过供应渠道从不同的供应商处购入商品时，物流服务和价格都将对供应商的选择产生一定的影响。同时，供应商也可通过对供应渠道中运输方式的选择来控制物流成本。

对制造商来说，良好的运输服务（较短的运达时间和较少的运达时间变动）可得到较低的库存水平和较合理的运作时间。为了得到这些服务，制造商会给供应商以优惠，它们会把更大的购买份额转向能提供较好运输服务的供应商。扩大了的交易额将给供应商带来更多的利润，供应商由此可选择提供更好服务的运输方式，而不是单纯地去追求降低成本。当然，在这种情况下，其他供应商也会做出相应的竞争反应。

四、运输成本控制的有效措施

（一）充分发挥运输各要素的能力

1. 提高运输工具实载率

提高实载率的意义在于充分利用、控制运输工具的额定能力，减少空驶和不满载行驶的时间。提高装载效率，是组织合理运输、提高运输效率和降低运输成本的重要内容。一方面，是最大限度地利用车辆载重吨位；另一方面，是充分利用车辆装载容积。其主要做法有以下三种。

(1) 组织轻重配装

即把实重货物和轻泡货物组装在一起，既可充分利用车船装载容积，又能充分利用载重吨位，以提高运输工具的使用效率，降低运输成本。

(2) 实行解体运输

对一些体积大、笨重、不易装卸又容易碰撞致损的货物，如自行车、缝纫机和科学仪器、机械等，可将其拆卸装车，分别包装，以缩小所占空间，并易于装卸和搬运，以提高运输装载效率，降低单位运输成本。

(3) 高效的堆码方法

根据车船的货位情况和不同货物的包装形状，采取各种有效的堆码方法，如多层装载、骑缝装载、紧密装载等，以提高运输效率。当然，推进物品包装的标准化，逐步实行单元化、托盘化，是提高车船装载技术的一个重要条件。

2. 减少劳动力投入，增加运输能力

在运输设施建设已定型和完成的情况下，尽量减少能源投入，提高产出能力，降低运输成本。

3. 选择合理的运输方式，降低运输成本

(1) 选择合适的运输工具

在交通运输事业日益发展、各种运输工具并存的情况下，必须注意选择运输工具和运输路线。要根据不同货物的特点，分别利用铁路、水运或汽车运输，选择最佳的运输路线。应该走水运的不要走铁路，应该用火车的不要用汽车；同时，积极改进车辆的装载技术和装载方法，提高装载量，运输更多的货物，提高运输生产效率。

(2) 实行联合运输

实行综合一贯制运输，即卡车承担末端输送的复合一贯制运输，是复合一贯制运输的主要形式，在一般情况下两者是等同的。综合一贯制运输是把卡车的机动灵活和铁路、海运的成本低廉（即便利和经济）及飞机的快速特点组合起来，完成"门到门"的运输；是通过优势互补，实现运输效率化、低廉化、缩短运输时间的一贯运输方式。复合运输中发货单位在发货时，只要在起始地一次性办理好运输手续，收货方在指定到达站即可提取运达的商品。它具有一次起运、手续简便、全程负责的好处。

因此，综合一贯制运输，是指充分利用铁路、汽车、船舶和飞机等各自的特点，并组合其中两种以上的运输方式的运输。

(3) 开展国际多式联运

国际多式联运是一种高效的运输组织方式，它集中了各种运输方式的特点，扬长避短，融汇一体，组成连贯运输，达到简化货运环节、加速货运周转、减少货损货差、降低运输成本、实现合理运输的目的，比传统单一运输方式具有不可比拟的优越性。在多式联运方式下，不论全程运输距离多远，不论需要使用多少种不同运输工具，也不论中途需要经多少次装卸转换，一切运输事宜由多式联运经营人统一负责办理。对货主来说，只办理一次托运，签订一个合同，支付一笔全程单一运费，取得一份联运单据，就履行全部责任，可以节约大量的手续费用及中转费用等。

多式联运是直达、连贯的运输，各个运输环节配合密切，衔接紧凑，中转迅速而及时，中途停留时间短。此外，多式联运以集装箱为主体，货物封闭在集装箱内，虽经长途运输，无须拆箱和搬动，这样既减少了货损货差，还可以防止污染和被盗，能够较好地保证货物安全、迅速、准确、及时地运到目的地。

货物在起运地被装上第一程运输工具后，货主就可以凭承运人签发的联运提单到银行结汇，这样就可以加快资金周转，节省利息支出。由于使用集装箱运输，可以节省货物包装费用和保险费用；此外，多式联运全程使用一份联运单据，简化了制单手续，可节省大量时间、人力和物力，而且由于多式联运经营人以包干方式收取全程单一运价，使货主能事先核算运输成本，为贸易的开展提供了有利条件。

(4) 分区产销平衡合理运输

在物流活动中，对某一货物使其一定的生产区固定于一定的消费区。根据产销的分布情况和交通运输条件，在产销平衡的基础上，按照近产近销原则，使运输里程最短而组织运输活动。它加强了产、供、运、销等的计划性，消除了过远、迂回、对流等不合理运输，在节约运输成本及费用后，降低了物流成本。实践中，它适用于品种单一、规格简单、生产集中、消费分散或者生产分散、消费集中且调运量大的货物，如煤炭、水泥、木材等。

(二) 设计合理的运输方案

根据不同的运输内容设计合理的运输方案，可以有效地降低物流运输成本。

1. 直达运输

直达运输是追求运输合理化的重要形式。其对合理化的追求要点是通过减少中转过载换载次数，来加快运输速度，节省装卸费用，降低中转货损。直达的优势，尤其是在一次运输批量和客户一次需求量达到了一整车时表现最为突出。此外，在生产资料、生活资料运输中，通过直达，建立稳定的产销关系和运输系统，也有利于提高运输的计划水平，考虑用最有效的技术来实现这种稳定运输，从而大大提高运输效率。特别值得一提的是，如同其他合理化措施一样，直达运输的合理性也是在一定条件下才会有所体现，不能绝对认为直达一定优于中转，要根据客户的要求，从物流总体出发进行综合判断。从客户需要量看，批量大到一定程度时，直达是合理的；批量较小时，中转是合理的。

2. 配载运输

配载运输是充分利用运输工具载重量和容积，合理安排装载的货物及载运方法以求得合理化的一种运输方式。配载运输也是提高运输工具实载率的一种有效形式。配载运输往往是轻重货物的混合配载，在以重质货物运输为主的情况下，同时搭载一些轻泡货物，还有如海运矿石、黄沙等重质货物，在舱面搭运木材、毛竹等，铁路运矿石、钢材等重物上面搭运轻泡农、副产品等，在基本不增加运力投入、不减少重质货物运输量的情况下，实现了轻泡货物的搭运，因而效果显著。实行解体运输，即将体大笨重且不易装卸又易致损的货物拆卸后分别包装，使其便于装卸和搬运，提高运输装载效率；提高堆码技术，即根据运输工具的特点和物品的包装形状，采取有效堆码方法，提高运输工具的装载量等。

3. 直拨运输

这是指商业、物资批发等企业在组织货物调运过程中，对于当地生产或由外地到达的货物，不运进批发站仓库，而是采取直拨的方式，将货物直接分拨给基层批发、零售中间环节甚至直接分拨给用户，以减少中间环节，并在运输时间与运输成本方面收到双重的经济效益。在实际工作中，通常采用就厂直拨、就车站直拨、就仓库直拨、就车船过载等具体运作方式，即"四就"直拨运输。与直达运输里程远、批量大相比，直拨运输的里程较近、批量较小。

4. 合整装载运输

这主要是指商业、供销等部门的杂货运输中，由同一个发货人将不同品种发往同一到站、同一个收货人的少量货物组配在一起，以整车方式运输至目的地；或将同一方向不同到站的少量货物集中配在一起，以整车方式运输到适当的中转站，然后分运至目的地。采取合整装车运输的方式，可以降低运输成本和节约劳动力。实际工作中，通常采用零担拼整直达、零担拼整接力直达或中转分运、整车分卸、整装零担等运作方式。实现物流运输方案的合理化有许多问题有待研究。在研究不同物流运输服务方案时应考虑以下多个方面：运输方式的选择；运输路线的确定；运输工具的配备；运输计划的制订；运输环节的减少；运输时间的节省；运输质量的提高；运输费用的节约；运输作业流程的连续性；等等。

（三）压缩单位商品的运输成本

压缩单位商品运输成本的能力取决于物流活动过程中由谁控制商品

运输和对商品运输过程的控制力度。供应商、购货商、运输服务商决策管理过程相互独立，小型生产企业自营运输，都不利于对运输成本的控制。

下面从单位商品（或单位物品）运输成本的角度，分析一下在运输过程中成本压缩空间的大小。影响单位货物运输成本的因素很多，为简化起见，只从运输距离和单车运载的货物数量两个重要因素展开分析。在通常情况下，单位货物的运输成本与运输距离成正比，与运输商品的数量成反比。也就是说，运输距离越长，单位货物的运输成本越高；单车运载的货物数量越大，运输成本就越低。所以理想的运输服务系统应该是在运输距离固定的情况下，追求运输货物数量的最大化。而在运输货物数量不足的情况下，追求运输距离的最小化。理想的运输服务系统的解决方案是将长距离、小批量、多品种的货物运输整合起来，统一实施调度分配，并按货物的密度分布情况和时间要求在运输过程的中间环节适当安排一些货物集散地，用以进行货运的集中、分拣、组配。可实行小批量、近距离运输和大批量、长距离干线运输相结合的联合运输模式。

（四）适当设立配送中心

当供货商与一批具有较强购买能力、彼此之间较近的购货商群体的距离超过一定极限时，小型车辆的长距离运输成本将显著增加。由此便产生了对配送中心的需求。比如说，在10家购货商群体距离不到20km的位置设置一个配送中心，配送中心距离供货商的距离为200km。每家购货商需一小型配送车满载的货物，那么在没有配送中心的情况下，完成10家购货商的运输总往返距离为4000km。而设立配送中心后，这批货物可以由干线运输工具一次运到配送中心，运输距离为400km。又从配送中心到各个购货商的往返运输距离总和小于400km，这样一来，缩短了总往返运输距离，有效降低了总成本。

（五）利用小型运输工具控制运输成本

在城市的快递服务中，对司机的具体位置进行有效的追踪和准确的预测，则呼叫中心的调度人员可以对司机进行实时监控调度，实现边拣边送。如果司机的车上有两个投递包裹，则运输成本明显降低。

在城市的包裹投递服务中，如果事先对司机的运行线路进行规划，则运输成本也可以有很大的压缩空间。可利用小型运输工具将货物从分散的货主手中集中起来，组配后形成批量的长距离干线运输，到达异地后分拣投递。对于长距离的"门到门"服务，成本可以大幅度下降。

（六）采取集运方式控制物流成本

在物品运输中，运输批量越大，费率越低，这样促使企业采用大批量运输方式。将小批量货物合并成大批量进行运输是降低单位重量运输成本的主要方法。集运一般有四种途径。

1. 库存合并

即形成库存以满足服务需求。这样做可以对大批量货物，甚至整车货物进行运输，并转化为库存。这就是库存控制的根本效果。

2. 运输车辆合并

在拣取和送出的货物都达不到整车载重量的情况下，为提高运载效率可以安排同一辆车到多个地点取货。为实现这种形式的规模经济就需要对行车路线和时间表进行整体规划。

3. 仓库合并

进行仓储的根本原因是可以远距离运送大批量货物，近距离运送小批量货物。例如，用于拆装作业的仓库。

4. 时间合并

在这种情况下，企业将在一定时间内累积客户的订单，这样可以一次性发运较大批量的货物，而不是多次小批量送货。通过对大批量货物的运输路径进行规划和降低单位运输费率，企业可以获得运输中的规模经济效益。当然，没能在收到订单和履行订单之后及时发货会造成服务水平的下降，因此要在运输成本与对服务的影响之间寻求平衡。运输成本的节约是显见的，但服务水平下降的影响却是很难估计的。

（七）减少运输事故损失

在运输途中，有可能发生货物丢失、货物变质，甚至出现事故，这些都将造成运输成本不必要的增加，因此对运输事故的关注十分必要。可以采取以下措施减少事故带来的损失：①日常防范；②购买保险；③积极理赔；④机动车辆的车辆损失险和第三者责任险。

第二节 仓储成本控制

仓储企业经营的目的是在满足市场需求的情况下实现利润最大化，而仓储成本的高低直接影响着企业的经济效益。因此，加强仓储成本的控制，降低仓储成本，把仓储成本控制在同类企业的先进水平上，是增强企业竞争力、求得生存和发展的保障。

一、仓储成本控制的内容

（一）仓储时间

仓储时间是从两个方面影响储存这一功能要素的。一方面是经过一定的时间，被储存物料可以获得"时间效用"，这是储存的主要物流功能；另一方面是随着储存时间的增加，有形及无形的消耗相应加大，这是"时间效用"的一个逆反因素，也是一个"效益背反"问题。因而仓储的总效用是确定最优仓储时间的依据。

（二）仓储数量

仓储数量也主要从以下两方面影响仓储这一功能，仓储数量过高或过低都是不合理的仓储。

第一，库存一定数量的存货，可以使企业具有保证供应、生产、消费的能力。然而，保证能力的提高不是与数量成正比，而是遵从边际效用的原理，每增加一个单位的仓储数量，总保障能力虽会随之增加，但边际效用却会逐渐降低。

第二，仓储的损失是随着仓储数量的增加而成正比例增加。仓储数量增加，仓储的持有成本就相应增加；而且如果仓储管理能力不能按正比例增加，仓储损失的数量也会增加。仓储数量过低，会严重降低仓储对供应、生产、销售等环节的保障能力，其损失可能远远超过减少仓储量、防止仓储损失、减少利息支出等方面带来的收益。

(三) 仓储条件

仓储条件不足或过剩也会影响储存这一功能要素。仓储条件不足主要是指仓储条件不能满足被仓储物料所要求的良好的仓储环境和必要的管理措施，因而往往造成储存物料的损失。如仓储设施简陋、仓储设施不足、维护保养手段及措施不力等。仓储条件过剩主要是指仓储条件大大超过需求，从而使仓储物料过多负担仓储成本，造成不合理的费用。

(四) 仓储结构

仓储结构失衡也会影响储存这一功能要素。仓储结构失衡主要是指仓储物料的品种、规格等失调，以及仓储物料的各个品种之间仓储期限、仓储数量失调。

(五) 仓储地点

由于土地价格的差异，仓储地点选择得不合理也会导致仓储成本上升。

二、仓储成本控制的意义

(一) 仓储成本控制是企业增加盈利的"第三利润源"

仓储成本控制直接服务于企业的最终目标。增加利润是企业的目标之一，也是社会经济发展的原动力。无论在什么情况下，降低成本都可以增加利润。在收入不变的情况下，降低成本可使利润增加；在收入增加的情况下，降低成本可使利润更快增长；在收入下降的情况下，降低成本可抑制利润的下降。

(二) 仓储成本控制是企业生存、发展的主要保障

仓储成本控制能够加强企业竞争能力。企业在市场竞争中降低各种运作成本、提高产品质量、创新产品设计和增加产销量是保持竞争能力的有效手段。降低仓储成本可以提高企业价格竞争能力和安全边际率，使企业在经济萎缩时继续生存下去，在经济增长时得到较高的利润。

(三) 仓储成本控制是企业持续发展的基础

只有把仓储成本控制在同类企业的先进水平上，才有迅速发展的基础。仓储成本降低了，可以削减售价以扩大销售，销售扩大后经营基础稳定了，才有力量去提高产品质量，创新产品设计，寻求新的发展。同时，仓储成本一旦失控，就会造成大量的资金沉淀，严重影响企业的正常生产经营活动。

三、仓储成本控制的原则

(一) 经济性原则

经济性原则是指进行仓储控制而发生的费用应少于缺少仓储控制而丧失的收益。和销售、生产、财务活动一样，任何仓储管理工作都要讲求经济效益。为了建立某项严格的仓储成本控制制度，需要发生一定的人力或物力支出，但这种支出不应该太大，不应该超出建立这项控制所能节约的成本。经济性原则主要强调仓储成本控制要起到降低成本、纠正偏差的作用，并控制发生的费用支出，使其不应该超过因缺少控制而丧失的收益。

(二) 全面性原则

全面性原则要求企业在进行仓储成本管理时,不能只片面地强调仓储成本,切记仓储的服务才是企业长远发展的根本,因此,企业要兼顾质量和成本的关系,在保证企业提供的服务前提下,适当地控制仓储成本,从而保证仓储企业低成本、高效率、高质量地运行。同时由于仓储成本涉及企业管理的方方面面,因此,仓储成本控制要进行全员控制、全过程控制、全方位控制。

(三) 利益协调原则

降低仓储成本从根本上说,对国家、企业、消费者都是有利的,但是,如果在仓储成本控制过程中采用不适合的手段损害国家和消费者的利益,是极端错误的,应予以避免。因此,控制仓储成本时要注意国家利益、企业利益和消费者利益三者的协调关系。

(四) 例外管理原则

例外管理原则是成本效益原则在仓储成本控制中的体现。仓储成本控制所产生的经济效益必须大于因进行仓储成本控制而发生的成本耗费,如建立仓储成本控制系统的耗费,保证仓储成本控制系统正常运转的耗费。企业实际发生的费用,不可能每一项都和预算完全一致,如果不管成本差异大小,都要予以详细记录、查明原因,将不胜其烦。因此,根据成本效益原则,仓储成本控制应将精力集中在非正常金额较大的例外事项上。解决了这些问题,仓储目标成本的实现就有了可靠的保证,仓储成本控制的目的也就达到了。

四、仓储成本控制的方法

(一) 定量订货法

定量订货仓储控制也称订货点控制，是预先确定一个订货点和订货批量，随时监控货物仓储，当仓储下降到订货点时就发出订货单订货的一种监控方法。

(二) 定期订货法

定期订货法是按预先确定的订货时间间隔按期订货，以补充仓储的一种仓储控制方法。其决策思路是：每隔一个固定的时间周期检查仓储项目的储备量，根据盘点结果与预定的目标仓储水平的差额确定每次的订购批量。

(三) 定量订货法与定期订货法的区别

1. 提出订购请求时点的标准不同

定量订货法提出订购请求的时点标准是，当仓储量下降到预定的订货点时，即提出订购请求；而定期订货法提出订购请求的时点标准是，按预先规定的订货间隔周期，到了该订货的时点即提出订购请求。

2. 请求订购的货物批量不同

定量订货法每次请求订购的商品的批量相同，都是事先确定的经济批量；而定期订货法每到规定的请求订购期，订购的货物批量都不相同，可根据仓储的实际情况计算后确定。

3. 仓储货物管理控制的程度不同

定量订货法要求仓库作业人员对仓储货物进行严格的控制、精心的管理，并且经常检查、详细记录、认真盘点；而用定期订货法时，对仓储货物只要进行一般的管理即可，简单地进行记录，不需要经常检查和盘点。

4. 适用的货物范围不同

定量订货法适用于品种数量少、平均占用资金多的需重点管理的 A 类货物；而定期订货法适用于品种数量多、平均占用资金少的只需一般管理的 B 类、C 类货物。

（四）重点货物管理法

1. ABC 分类法

（1）ABC 分类法的概念和原理

所谓 ABC 分类法，就是以某类仓储货物品种数占货物品种总数的百分比和该类货物金额占仓储货物总金额的百分比为标准，将仓储货物分为 A、B、C 三类，进行分级管理。这种方法是根据仓储货物在一定时期内的价值、重要性及保管的特殊性，通过对所有仓储货物进行统计、综合、排列、分类，找出主要矛盾，然后抓住重点进行管理的一种科学有效的仓储控制方法。ABC 分类法把品种少、占用资金多、采购较难的重要货物归为 A 类；把品种较多、占用资金一般的货物归为 B 类；把品种多、占用资金少、采购较容易的次要货物归为 C 类。ABC 分类法简单易行、效果显著，在现代仓储管理中已被广泛运用。

（2）ABC 分类法的划分依据

ABC 分类法将分析对象划分成三类，其依据是某货物数量占总量的比例和该货物的金额占总仓储资金的比例。

(3) ABC 分类法的步骤

第一，收集数据。按分析对象和分析内容，收集有关数据。例如，如果打算分析货物成本，则应收集货物成本因素、货物成本构成等方面的数据；如果打算针对某一系统设计价值工程，则应收集系统中各局部功能、各局部成本等数据。

第二，处理数据。即对收集的数据进行加工，并按要求进行计算，包括计算特征数值、特征数值占总计特征数值的百分比、累计百分比，以及因素数目及其占总因素数目的百分比、累计百分比。

第三，制作 ABC 分析表。ABC 分析表栏目构成如下：第一栏为货物名称或货物序号；第二栏为货物数量；第三栏为货物单价；第四栏为货物总价；第五栏为货物占总资金百分比；第六栏为货物资金累计百分比；第七栏为货物数量占总数量累计百分比；第八栏为分类结果。

(4) ABC 分类管理的措施

对仓储管理来说，要在保证安全仓储的前提下，小批量、多批次地按需储存，尽可能地降低仓储总量，减少仓储管理成本，减少资金占用成本，提高资金周转率。

第一，A 类货物。按照需求，小批量、多批次地采购入库，最好能做到准时制管理，这样能够提高资金周转率，使仓储保持最优的有效期，降低仓储管理费用，及时获得降价的收益。当然，季节储备和涨价前的储备也是必不可少的。应避免货物长时间储存在生产线或客户手中，造成积压损耗、虚假需求和超限额仓储，这些都不利于均衡生产和经营。

随时监控需求的动态变化，分析、预测哪些是日常需求，哪些是临时集中需求，使仓储与各种需求相适应；尽可能缩短订货提前期，对交货期限加强控制；科学设置最低定额、安全仓储和订货点报警点，防止缺货；了解大客户的仓储，在需要的时候临时调剂；监控供应商在途货物的品种数量和到货时间；与供应商和用户共同研究替代品，尽可能降低单价；制订应急预案、补救措施；每天都要进行盘点和检查。

第二，B类货物。采用定量订货方法，前置期时间较长；每周都要进行盘点和检查；适量采购。

第三，C类货物。大量采购，获得价格上的优惠。由于所消耗金额非常小，因此，即使多储备，也不会增加太多金额。简化仓储管理。如果还像A类货物那样管理，成本效益将十分不合算，还会影响A类货物的管理。可以多储备一些关键货物，避免发生缺货现象。每月循环盘点一遍。对于积压货物和不能发挥作用的货物，应该每周向公司决策层通报，及时清理出仓库。

2. 关键因素分析法

由于ABC分类法有不足之处，通常表现为C类货物得不到应有的重视，且C类货物往往会导致整个装配线停工。例如，经销鞋的企业会把鞋带列入C类货物，但是如果鞋带短缺将会严重影响鞋的销售；一家汽车制造厂商会把螺丝列入C类货物，但缺少一个螺丝往往会导致整个生产链停工。因此，有些企业在仓储管理中引入了关键因素分析法。

关键因素分析法的基本思想是把存货按照关键性分成四类，具体如下。

（1）最高优先级。这是经营管理中的关键性货物，不允许缺货。

（2）较高优先级。这是指经营活动中的基础性货物，允许偶尔缺货。

（3）中等优先级。这多属于比较重要的货物，允许在合理范围内缺货。

（4）较低优先级。经营中需要这些货物，但可替代性高，允许缺货。

关键因素分析法比起 ABC 分类法有着更强的目的性。在使用中要注意，人们往往倾向于确定高的优先级，结果高优先级的货物种类很多，最终哪种货物也得不到应有的重视。关键因素分析法和 ABC 分类法结合使用，可以达到分清主次、抓住关键环节的目的。在对成千上万种货物进行优先级分类时，也不得不借用 ABC 分类法进行归类。

（五）提高储存密度，提高仓容利用率

这样做的主要目的是减少储存设施的投资，提高单位存储面积的利用率，以降低成本、减少土地占用。具体有下列三种方法。

1. 采取高垛的方法，增加储存的高度

采取高垛增加储存高度的具体方法有采用高层货架仓库、集装箱等，都可比一般堆存方法极大增加储存高度。

2. 缩小库内通道宽度以增加储存有效面积

具体方法有采用窄巷道式通道，配以轨道式装卸车辆，以减少车辆运行宽度要求，采用侧叉车、推拉式叉车，以减少叉车转弯所需的宽度。

3. 减少库内通道数量以增加有效储存面积

具体方法有采用密集型货架，采用不依靠通道可进车的可卸式货架，采用各种贯通式货架，采用不依靠通道的桥式起重机装卸技术等。

（六）采用有效的储存定位系统，提高仓储作业效率

储存定位的含义是被储存物位置的确定。如果定位系统有效，能极大节约寻找、存放、取出的时间，节约不少物化劳动及活劳动，而且能防止差错，便于清点及实行订货点控制等的管理方式。储存定位系统可采取先进的计算机管理，也可采取一般人工管理。行之有效的方式主要有以下两种。

1. "四号定位"方式

"四号定位"是用一组四位数字来确定存取位置的固定货位方法，是我国手工管理中采用的科学方法。这些号码是库号、架号、层号、位号。这就使每一个货位都有一个组号，在物资入库时，按规划要求，对物资编号，记录在账卡上，提货时按四位数字的指示，很容易将货物拣选出来。这种定位方式可对仓库存货区事先做出规划，并能很快地存取货物，有利于提高速度，减少差错。

2. 电子计算机定位系统

电子计算机定位系统是利用电子计算机储存容量大、检索迅速的优势，在入库时，将存放货位输入计算机。出库时向计算机发出指令，并按计算机的指示人工或自动寻址，找到存放货物，拣选取货的方式。一般采取自由货位方式，计算机指示入库货物存放在就近易于存取之处，或根据入库货物的存放时间和特点，指示合适的货位，取货时也可就近就便。这种方式可以充分利用每一个货位，而不需要专位待货，有利于提高仓库的储存能力，当吞吐量相同时，可比一般仓库减少建筑面积。

（七）加速周转，提高单位仓容产出

储存现代化的重要课题是将静态储存变为动态储存，周转速度一快，会带来一系列的好处：资金周转快，资本效益高，货损货差小，仓库吞吐能力增加，成本下降等。具体做法诸如采用单元集装存储，建立快速分拣系统，都有利于实现快进快出，大进大出。

（八）采取多种经营，盘活资产

仓储设施和设备的巨大投入，只有在充分利用的情况下才能获得收益，如果不能投入使用或者只是低效率使用，只会造成成本的增加。仓储企业应及时决策，采取出租、借用、出售等多种经营方式盘活这些资产，提高资产设备的利用率。

（九）加强劳动管理

工资是仓储成本的重要组成部分，劳动力的合理使用是控制人员工资的基本原则。对劳动力进行有效管理，避免人浮于事、出工不出力或者效率低下也是成本控制的重要内容。

第三节　配送成本控制

一、配送成本概述

（一）配送成本的含义

配送成本是指在配送活动中的备货、储存、分拣、配货、配装、送货及配送加工等环节发生的各项费用之和，是配送过程中所消耗的各种劳动的货币表现，如人工费用、作业消耗、物品消耗、利息支出、管理费用等。

(二) 配送成本的特点

1. 配送成本具有隐蔽性

如同物流成本"冰山理论"指出的那样，要想直接从企业的财会业务中完整地提取出企业发生的配送成本是很难的。通过"销售费用""管理费用"科目，我们可以看出部分配送费用情况。但这些科目反映的费用仅仅是全部配送成本的部分内容，即企业对外交付的配送费用。此外，这一部分费用往往是混在其他有关费用中的，并不单独设立"配送费用"科目进行独立核算。

一般，所有的配送成本都被直接列入企业经营或管理等费用中，因此想要对企业中发生的配送成本进行全面且准确的核算也是比较困难的。具体来讲，连锁店之间进行配送所发生的费用计入销售费用，备货时支付的费用也归入销售费用；配送中发生的人工费用与其他部门的人工费用一般会列入销售费用或管理费用。

2. 配送成本的效益背反

与仓储成本一样，配送成本同样具有效益背反的特点，主要体现在配送成本与服务水平之间的关系上。随着客户服务水平的提高，对客户需求响应性、配送安全性等都会有新的要求，为了满足这些要求，配送企业需要在配送成本上进行投入。例如，库存量的保证、配送的频率、包装的材料及运输方式的安全等，这一系列活动势必会导致配送成本上升。因此,配送成本与配送服务之间呈现正相关的关系,即随着服务水平的提高,配送成本也会随之升高;反之,亦然。

3. 配送成本削减具有乘数效应

假定销售额为 1000 元,配送成本为 100 元。如果配送成本降低 10%,就可以得到 10 元的利润。假如这个企业的销售利润率为 2%,创造 10 元的利润,则需要增加 500 元的销售额,即降低 10%的配送成本所起的作用相当于销售额增加 50%,这就是配送成本削减的乘数效应。

(三) 影响配送成本的因素

1. 时间

配送作业的持续时间影响着配送作业对仓储设施设备的占用时间,影响设施设备的固定资产投入成本;配送业务决定了时间的长短,影响车辆配载效率,也影响配送线路的优化,直接影响配送成本的控制。

2. 距离

距离是构成配送运输成本的重要因素。距离越远,意味着运输成本越高,运输设备与员工配备成本越高。

3. 配送物的数量、重量

数量和重量增加会使配送作业量增大,总成本上升。但是大批量的配送作业也会使作业效率得到提高,单位产品配送成本下降,外包配送可能得到的价格优惠更多。

4. 货物种类及作业过程

不同的货物种类可能造成的配送作业过程不同,技术要求不同,承担的责任也不同。因而不同的货物种类对配送成本会产生较大的影响，如对于不同包装方式的物品，标准化程度或装卸活性指数不同直接影响配送作业成本。

5. 外部成本

配送作业时可能需要利用企业外的资源，如租用装卸搬运设施设备、不同地区的交通管制状况、基础设施完备情况，这些因素都会影响企业配送成本的大小。

二、配送成本控制的重要性

物流成本主要包括仓储成本、运输成本、装卸搬运成本、流通加工成本、包装成本、配送成本、物流信息管理成本。而其中配送成本比例较高，占35%~60%。所以控制配送成本对降低整个物流成本、提高物流效益具有较大的意义。

配送成本控制是指在配送经营过程中，按照规定的标准调节影响成本的各种因素，使配送各环节生产耗费控制在预定的范围内。配送企业所取得的收入是通过降低配送过程中成本费用所得，可以和客户一起共同分享这一节约的利润。

三、配送成本控制的有效措施

（一）利用作业成本法控制配送成本

1. 作业成本法在配送成本核算中的应用

作业成本法，即基于作业的成本核算方法，是指以成本动因理论为基础，通过对作业进行动态追踪、确认和计量来核算成本的一种方法。它涉及五大核算要素：资源、资源动因、作业、作业动因和成本对象。其中资源是成本的源泉，包括人力、财力、物力资源；作业是一个企业内部工作的基本单元；成本对象是指需要对其进行成本计量和分配的项目；资源动因是分配作业所消耗资源的依据；作业动因是分配作业成本到各成本对象的标准。每个配送企业的业务类别、经营范围差别很大，各个配送系统所具备的功能很不同，在配送过程中发生的作业及消耗的资源也不一样，因此应用作业成本法核算企业配送成本时必须结合本企业的实际情况。应用作业成本法核算配送成本分为下列几个步骤。

（1）界定企业配送系统中的具体作业

一个完整的配送系统具有备货、储存、分拣及配货、配装、配送运输、送达以及配送加工等功能要素，每一项功能都要由相应的配送活动来承担，因此一个完整的配送系统主要包括运输、储存、保管、包装、装卸、分拣及配货、流通加工、信息处理和配送管理等多项基本活动。

（2）确定企业配送系统中涉及的资源

根据作业成本法"作业消耗资源并导致成本的发生"的基本原理，以上的配送活动要消耗如下的资源：工资、材料费用、机械费用、车辆相关费用、维护保养费、固定资产折旧费、低值易耗品的摊销、修理费、装卸费、信息处理相关费用及配送管理相关费用等。

（3）确认资源动因，建立作业成本库

在界定配送系统中涉及的资源的基础上，确认资源动因，将资源分配到作业，开列作业成本单，归集作业成本库成本。

（4）确认作业动因，将发生的成本分配给成本对象根据成本对象对作业的消耗，将成本分配给各成本对象，计算成本对象成本。具体计算方法：成本归集到各作业中心的作业成本库后，应按作业动因及作业成本额计算出作业成本的分配率，并按不同成本对象所消耗的作业量的多少分配作业成本，最终计算出成本对象应承担的作业成本。

配送系统中存储保管作业对资源的消耗与存储商品的数量、单位商品的体积大小、所需的存储条件、存储设施的租金价格或建设成本等相关，其中存储商品数量为主要因素，所以一般选择库存量为作业动因；装卸费的多少与作业对象的性质、性状和批量大小相关，选择装卸量为作业动因；影响运输费用的主要因素有运输工具的选择、运输距离的长短和运输时间间隔的长短等，其作业动因可以考虑选择行驶里程数；信息处理费取决于信息量大小，所以订单量可以作为信息处理的作业动因。作业动因的选择对配送成本的准确性有很大影响，企业必须根据实际作业情况选择作业动因，把作业成本合理地分配到成本对象。

在确定了配送系统各作业的作业动因后，结合成本对象的作业消耗量，将作业成本分配到配送系统的各个成本对象，就可以计算出各成本对象的成本。最终的企业配送成本既是成本对象成本额之和，也是配送系统各个作业成本额之和。

2. 配送成本分析及控制方式

应用作业成本法核算配送成本结果较为真实合理，同时，通过对配送系统中的所有成本对象及作业活动进行追踪分析，可以尽可能消除"不增值作业"，改进"增值作业"，优化"作业链"，促使损失、浪费减少到最低限度，最终达到提高企业盈利能力和增加作业价值的目的。企业配送成本是成本对象成本额之和，通过配送成本的分析，可以了解各成本对象在配送成本中所占的比重，运用作业成本法找出关键的成本对象和次要的成本对象，针对不同的成本对象制定具体的成本控制措施，可以有效地控制配送成本。

企业配送成本也是配送系统各作业成本额之和，把作业作为成本对象进行配送成本分析，可以帮助了解哪些作业更耗成本，进一步找出阻碍物流实现合理化的症结所在，进而设定合理的作业物流成本目标，并通过改进作业管理，使配送成本更加合理化。一个完整的配送系统的配送成本由仓储保管、包装、装卸、分拣及配货、流通加工、运输、信息处理和配送管理等作业成本构成，如果将以上的作业成本按照金额由大到小的顺序排列，计算相应百分比，然后根据作业成本法的一般分类原则，找出关键作业，分析原因，就可以采取适当的措施降低关键作业成本。例如，降低运输费用的措施有确定合理的配送路线和进行合理的车辆配载；降低储存保管费用的措施有加强配送的计划性、确定合理的库存等；降低装卸成本的措施有装卸对象的规格化和标准化等。

（二）合理选择配送策略

1. 混合策略

混合策略是指配送业务一部分由企业自身完成，另一部分则外包给第三方物流公司完成，即采用混合作业。合理安排企业自身完成的配送和外包给第三方完成的配送作业，能使配送成本最低。这种策略的基本思想是，尽管采用纯策略（即配送活动要么全部由企业自身完成，要么完全外包给第三方物流公司完成）易形成一定的规模经济，并使管理简化，但由于产品品种多变、规格不一、销量不等等情况，采用纯策略的配送方式超过一定程度不仅不能取得规模效益，反而还会造成规模不经济。而采用混合策略，合理安排企业自身完成的配送和外包给第三方物流企业完成的配送，能使配送成本最低。

2. 差异化策略

差异化策略的指导思想是：产品特征不同，顾客服务水平也不同。按照产品的特点、销售水平来设置不同的配送作业，即设置不同的库存、不同的配送方式以及不同的储存地点。如果采用同样的配送作业则会增加不必要的配送成本。当企业拥有多种产品线时，不能对所有产品都按同一标准的顾客服务水平来配送，而应按产品的特点、销售水平来设置不同的配送作业，忽视产品的差异性会增加不必要的配送成本。

3. 合并策略

合并策略包含两个层次：一个是配送方法上的合并；另一个则是共同配送。

配送方法上的合并是指企业在安排车辆完成配送任务时，充分利用车辆的容积和载重量，做到满载满装，这是降低成本的重要途径。由于产品品种繁多，不仅包装形态、储运性能不一，在容重方面，也往往相差甚远。一辆车上如果只装容重大的货物，往往是虽然达到了载重量，但容积空余很多；只装容重小的货物则相反，看起来车装得满，实际上并未达到车辆载重量。这两种情况实际上都造成了浪费。

实行合理的轻重配装，容积大小不同的货物搭配装车，不但可以在载重方面达到满载,而且也充分利用了车辆的有效容积,取得最优效果。最好是借助电脑计算货物配车的最优解。

共同配送是一种战略运作层次上的共享,也称集中协作配送。其标准运行形式是:在中心机构的统一指挥和调度下,各配送主体以经营活动(或以资产为纽带)联合行动,在较大的区域内协调运作,共同对某一个或某几个客户提供系列化的配送服务。

4. 延迟策略

在传统的配送计划安排中,大多数的库存是按照对未来市场需求的预测量设置的,这样就存在着预测风险,当预测量与实际需求量不符时,就会出现库存过多或过少的情况,从而增加配送成本。延迟策略的基本思想就是对产品的外观、形状及生产、组装、配送应尽可能推迟到接到顾客订单后再确定。一旦接到订单就要快速反应,因此,采用延迟策略的一个基本前提是信息传递要非常快。一般来说,实施延迟策略的企业应具备以下三个基本条件。

(1) 产品特征

模块化程度高,产品价值密度大,有特定的外形,产品特征易于表述,定制后可改变产品的容积或重量。

(2) 生产技术特征

模块化产品设计、设备智能化程度高、定制工艺与基本工艺差别不大。

(3) 市场特征

产品生命周期短、销售波动性大、价格竞争激烈、市场变化大、产品的提前期短。

实施延迟策略常采用两种方式：生产延迟（或称形成延迟）和物流延迟（或称时间延迟）。配送中往往存在着加工活动，所以实施配送延迟策略既可采用形成延迟方式，也可采用时间延迟方式。具体操作时，常常发生在诸如贴标签（形成延迟）、包装（形成延迟）、装配（形成延迟）和发送（时间延迟）等领域。美国一家生产金枪鱼罐头的企业就通过采用延迟策略改变配送方式，降低了库存水平。

历史上这家企业为提高市场占有率曾针对不同的市场设计了几种标签，产品生产出来后运到各地的分销仓库储存起来。由于顾客偏好不一，几种品牌的同一产品经常出现某种品牌畅销而缺货，而另一些品牌却滞销压仓。为了解决这个问题，该企业改变以往的做法，在产品出厂时不贴标签就运到各分销中心储存，当接到各销售网点的具体订货要求后，才按各网点指定的品牌贴上相应的标签，这样就有效地解决了此缺彼余的矛盾，从而降低了库存。

5. 标准化策略

标准化策略就是尽量减少品种多变而导致的配送成本增加，尽可能多地采用标准零部件、模块化产品。例如，服装制造商按统一规格生产服装，直到顾客购买时才按顾客的身材调整尺寸大小。采用标准化策略要求厂家从产品设计开始就要站在消费者的立场去考虑怎样节省配送成本，而不要等到产品定型生产出来了才考虑采用什么技巧降低配送成本。

(三) 利用标准成本法控制配送成本

1. 制定控制标准

成本控制标准是控制成本费用的重要依据，物流配送成本控制标准的制定，应按实际的配送环节分项制定，不同的配送环节，其成本项目是不同的。制定配送作业的成本控制标准时，业务数量标准通常由技术部门研究确定，费用标准由财务部门和有关责任部门研究确定，同时尽可能吸收负责执行标准的职工参加各项标准的制定，从而使所制定的标准符合实际配送活动的要求。

2. 揭示成本差异

成本的控制标准制定后要与实际费用比较，及时揭示成本差异。差异的计算与分析也要与所制定的成本项目进行比较。

3. 成本反馈

在成本控制中，成本差异的情况要及时反馈到有关部门，以便及时控制与纠正。

(四) 提高配送作业效率

1. 进货、发货时商品检验的效率化

在配送作业中，伴随着订发货业务的开展，商品检验作业也在集约化的中心内进行。特别是近几十年来，条形码及二维码的广泛普及以及便携式终端性能的提高，使物流作业效率得到大幅度提高，即根据客户订货信息，在进货商品上贴附条形码或二维码，商品进入中心时用扫描仪读取条形码或二维码检验商品；或根据企业发货信息，在检验发货商

品的同时加贴条形码或二维码，这样企业的仓库保管以及发货业务都在条形码或二维码管理的基础上进行。当然，应当指出的是，对于厂商或批发商，商品入库时的条形码或二维码在检验商品活动和以后的保管、备货作业中都在利用，而在向客户发货时用的条形码或二维码常常是另一类条形码或二维码系统，以便更好地对应不同用户的商品分拣作业的需要。

随着零售企业的不断崛起，不少大型零售企业都在建立自己的配送中心，由自己的配送中心将商品直接运送到本企业的各支店或店铺。采用这种配送形态的企业，一般都在商品上贴附含有配送对象店铺名称的条形码或二维码，从而在保证商品检验作业合理化的同时，实现企业配送作业的效率化。如今，也有些零售企业事先将本企业条形码或二维码印刷系统托付给发货方（如厂商或批发商），要求他们在发货时，同时按零售企业的要求贴附本企业专用的条形码。

2. 保管、装卸作业的效率化

从事现代配送中心再建的企业都极力在中心内导入自动化作业，在实现配送作业快速化的同时，极力削减作业人员，降低人力成本。特别是以往需要大量人力的备货或标价等流通加工作业如何实现自动化是很多企业面临的重要课题。如今，为了提高作业效率，除了改善作业内容外，很多企业所采取的方法是极力使各项作业标准化，进而最终实现人力资源的节省。像啤酒生产商或食品生产商等生产单价较低、大量销售的商品制造商，可以在配送中心内彻底实现自动化，从而将所有备货作业完全建立在标准化的基础之上。当然，有一点是值得我们注意的，那就是不同产业对自动化要求的程度也是不一样的。例如，对于周转较慢的商品，即使利用自动化仓库保管，也不易大幅度提高商品周转率。再例如，大型家具等商品，由于在店头陈列更容易销售，所以一般采取厂商直接从事零售，如果通过配送中心也应当按通过型商品来处理。

3. 备货作业的效率化

配送中心中最难实行自动化的是备货作业，尽管业种不同、商品的形状不同，备货作业的自动化有难有易，但即使容易实行备货自动化的商品或产业，也需要大量实现自动化的资金投入，因此，当中心内商品处理量不多时投资难以收回。从现代发达国家的物流实践来看，啤酒企业是少数几个满足备货自动化作业的产业之一。虽然从整个产业来看，各企业在推动自动化时会遇到各种难题，但是，都在极力利用信息系统节省人力资源，构筑高效的备货自动化系统。备货自动化中最普及的是数码备货，所谓数码备货就是不使用人力，而是借助于信息系统有效地进行作业活动，具体地讲，就是在由信息系统接受顾客订货的基础上，向分拣员发出数码指示，从而按指定的数量和种类正确、迅速地备货的作业系统。

原来的备货作业是在接受订货指示、发出货票的同时，备货员按照商品分列的清单在仓库内寻找、提取所需商品。如今，实行自动化备货作业后，各个货架或货棚顶部装有液晶显示的装置，该装置标示有商品的分类号以及店铺号，作业员可以迅速地查找所需商品。如今，很多先进的企业即使使用人力，也都纷纷采用数码技术提高备货作业的效率。

备货作业的具体方法大致有两种：一是抽取式；二是指定存放方式。

前者是将商品从货架中取出,直接放在流水线传输过来的空箱中;而后者通过的货箱是固定的,备货员按数码信息将商品放在指定的货箱中。一般而言,前一种方式使用较为频繁,而后一种方式对于必须将商品直接配送给客户的生鲜食品较为适用。

4. 分拣作业的效率化

对于不同的经济主体,如厂商、批发商或零售商,分拣作业的形式是不同的。对于厂商而言,如果是工厂订货,则产品生产出来后直接运送给用户,基本上不存在分拣作业;相反,如果是预约订货,那么就需要将商品运送到仓库,等接受客户订货后,再进行备货、分拣,并配送到指定用户手中。此外,对于那些拥有全国产品销售网的厂商,产品生产出来后运送到各地的物流中心,各区域物流中心在接受当地订货的基础上,分别进行备货、分拣作业,然后直接向客户配送产品。

5. 推广使用现代化信息技术

配送企业可以通过加强自动识别技术的开发与应用来提高进货和发货时商品检验的效率。配送企业可以使用自动化智能设备提高保管、装卸、备货和拣货作业的效率,采用先进的计算机分析软件,优化配送运输作业,降低配送运输成本,还可以采用解析法、线性规划法或静态仿真法对配送中心选址进行合理布局,或者使用车辆安排程序,合理安排配送运输的路线、顺序等来降低成本。

第六章 不同环境下的物流成本控制

第一节 电商环境下的物流成本控制

随着改革开放的继续深入,我国经济发展慢慢赶上了发达国家。近年来,随着互联网技术的日益成熟,我国经济跟随着世界经济的脚步也迈入了数字经济时代,实体经济与数字经济实现了深度融合。我们要重视网络经济发展,要打造"数字中国"和"网络强国"。电子商务作为数字经济最活跃的表现形式之一,已经成为国家经济发展的新动力。如今,各种形式的电商之间的竞争也越来越激烈。本质上电商是一种服务行业,而合理控制物流成本能让这种服务更加优质、更加有高性价比。总之,研究电商的物流成本控制是跟上时代的步伐、顺应时代的要求,是为国家经济谋求深远发展的举措。

一、电商物流与传统物流的差异

虽然传统物流和电子商务物流都是秉承着客户的意愿,把货物在规定的时间运送到正确地点的正确对象手上,但是电子商务物流与传统物流还是有比较大的差异的,电子商务物流是在传统形式上的进一步发展。两者具体的差异体现在以下几个方面:

（一）运输环节

从运输环节来看，传统物流从制造商或供应商到消费者手里要经过多次转运，而电子商务物流可以从制造商或者供应商那里直接到达客户指定地点指定对象手中。转运次数的减少意味着复核的次数也会减少，如此一来，不仅节省了与转运相关的人力、物力、财力，而且因为电商物流是在发货前一次性复核，相当于促使工作集中在短时间内，在更严格的把控下完成了，所以物流流通效率提高了很多，同时也降低了退货的可能性。

（二）仓储环节

从仓储环节来看，传统物流和电子商务物流也有一些区别。传统物流并不设置专门的配货区域，配货和储存都是一起的；电子商务物流拥有专门的配货区域、储存区域，这样的设定有利于电子商务物流中分拣货物，更大可能性地避免出现差错。

（三）分拣环节

在分拣方面，主要是分拣工具有区别。传统物流一般使用叉车来进行拣货工作，中小型企业的电子商务物流使用的拣货工具通常是拣货小车、周转箱等小工具，而大企业的电子商务物流都是利用物流自动化作业，使用自动化作业保证了分拣工作的准确率和效率。

（四）其他环节

从运输货物的特点上看，传统物流运输货物，一般货物的种类少、批量大、批次少且物流周期长，而电子商务物流运输货物种类多、批量小、批次多且物流周期短。从运行技术支持上来看，传统物流对互联网技术依赖不强，而对于电子商务物流，互联网技术是贯穿始终、联系紧密的。

二、电商背景下物流成本控制的不足及其原因

（一）逆向物流成本居高不下

几乎所有的电子商务企业增强自身竞争能力以及提高营业利润的方式都是抢占市场占有率、促进销售额的提高等。在这种大环境下，众多的电子商务企业都希望达到自身预期的销售额，就导致了线上购物平台上的促销活动屡见不鲜，但这也加剧了大批消费者的冲动型购物。在这种情况下，由于促销而产生冲动型消费的消费者在冷静下来后选择退货的概率非常大，往往很容易形成促销带来的利润不足以覆盖因此增多的逆向物流成本的现象。但大多数电子商务企业往往忽视了这个问题。

（二）人力资源成本所占比例过高

一方面，在员工数量和招聘方面，尤其是大型自营自建的电商平台对于基层员工的数量有巨大需求。一些公司配备的售后服务人员、物流仓储人员以及物流配送人员等基础型员工甚至占企业总体员工数量的80%以上。在工资薪酬方面，基础型员工的薪资开支较大。另一方面，管理层人员、技术人员等的薪资待遇十分优渥。

这说明物流成本控制中的人力资源成本较高的主要原因是基层员工数量过大，以及企业付给其他工作人员的薪酬也较高。此种情况的产生也和电商公司的发展战略息息相关。

处于扩张发展阶段的电商公司需要大量的员工，需要扩招大量的相关从业人员。随着公司发展趋于走向成熟，其公司业务范围也会持续拓展，而人力资源成本的压力也会越来越大。对于物流人工成本占比很高的大型企业来说，如何在扩张物流体系的同时合理地配置和高效地利用人力资源是其物流成本控制中的重要内容，也是电子商务企业在物流成本控制方面的关键内容之一。

此外，电商平台基层员工的流动量也非常大。需要重视人力资源管理的重要性并加强人力资源管理的措施，但是仍然由于跨区域的管理难度较大，地区间存在文化差异以及基层服务人员职业修养存在差异、员工离职率高等原因，人力资源的设置和管理依然是一个难题。

(三) 物流成本未单独从间接成本中剥离

电子商务企业的物流服务是一项环节众多且需要涉及很多协作群体共同来完成的服务，这些特点使得其在成本的归集上显得尤为困难。几乎所有的电子商务企业中的物流成本都是按照相关会计制度的要求，并遵循本行业的一些特殊准则来核算的。

很多电商平台的物流成本没有作为独立的一部分记录到该企业的会计科目之中，在进行会计处理时主要将物流成本糅合到诸如财务费用以及管理费用和销售费用之类的间接费用之中。而在这样的核算体系下如果想得到较为真实确切的物流成本，需要对销售费用、管理费用和财务费用等几方面的费用进行统计与拆分，但是现实中这种拆分计算往往是难以实现的，需要非常复杂的整合与计算，且计算结果的准确率无法得到保证。物流成本不仅涵盖了众所周知的运输配送成本，同时还包含了很多其他成本，比如物流体系中的各项工作人员工资及库存成本、订单信息录入成本等。而物流成本在会计数据获取上的不确定，使得制作出的财务报表中的各项成本费用项目对物流成本控制的优化不具备参考性，致使无法由财务报表分析出物流成本控制的具体变化情况，非常不利于决策人员做出决策和成本控制人员进行物流成本控制的优化。

（四）物流成本产生的环节不明确

物流活动作为电子商务公司日常运作过程中的一项辅助流程，与公司日常进行的如采购、销售、仓储等各项其他业务交织混杂在一起。将物流活动与这些活动清晰划分开来，确定出哪些活动的资源耗费应当归入物流成本，哪些活动的资源耗费应当归入其他成本，具有很大的难度。

一些电商公司的物流成本管理方法只能通过明细表来单独查询某一项业务的支出，但无法在宏观上识别物流成本具体发生在哪些环节，以及在不同环节分别消耗了哪些资源。有些公司仅能提供其自建物流体系每次常规运输时需要的平均费用，以及每个月由于运输产生的耗材费用。另外，针对每个产品，一些电商公司目前仍只根据单品售价和单价成本来计划利润空间，无法提供物流成本在其总成本的比重和所发挥的作用。

这一问题的主要原因是，大多数电子商务企业没有建立专门的机构来管控其物流成本。与物流成本有关的相关成本计划以及预算结果等都会统一归集并交由公司唯一的财务部门来审核与控制，并没有赋予财务部门成本控制的绝对权力。在电子商务经济飞速发展的情况下，很多平台对于物流成本控制的管理方法无法适应公司对其物流成本控制的要求，缺乏对物流成本产生的具体环节的明确划分，以至于对其物流成本控制的优化进行战略部署仍稍有难度。

三、电商平台物流成本控制的优化建议

(一) 完善企业售后服务制度

完善企业的售后服务，主要目的就是更好地控制企业的逆向物流成本。售后服务制度的完善也是整个物流成本控制过程中的较为重要的一个方面。很多电商公司每天需要处理成千上万个销售订单，产品经营的数量是十分庞大的，如果控制不当，就会提升货物的退货率，导致反向物流成本攀升，因此要控制住退货率就要完善售后服务制度的管理。

1. 提升员工的业务水平

针对物流专业人才比例低，客服人员尤其是售后服务人员专业化程度存在不足的问题，企业需要重视自身的售后服务体系建设，加强客服人员尤其是售后服务人员的工作态度和专业素养，对物流体系的基层员工定期开展有针对性的专业化培训，以期强化员工的专业职业修养，在顾客满意度上下功夫，以尽可能降低退货可能性。

2. 加强信息化建设，规范退换货政策

在加强逆向物流体系的信息化平台构建方面，应重视将电子信息技术广泛应用于物流体系的管理之中，利用先进的信息技术对商品进行系统有效的管理。电子商务企业应重视其自身企业内部信息技术的创新与发展，如对所有产品分类并使用条形码或二维码以方便工作人员对逆向物流所退回的产品进行重归类，在顾客退换货申请发出时向电子商务企业反馈退换货物流信息并及时向顾客退款等，加强电子商务企业与目标

顾客之间的信息传递，尽可能避免信息不对称等原因所产生的客户满意度低的问题。对于线上购买使顾客无法真实感知所需商品形成的了解不全面等问题造成的逆向物流成本，电子商务企业应利用现有发达的电子信息技术，为产品设计一个包括立体图片等在内的全方位电子说明书，以避免顾客收到实物后心理预期不一致等原因导致的逆向物流成本。

3. 全方位优化退货物流中的成本控制

（1）事前控制

事前控制主要是为了尽可能地避免逆向物流的产生而采取的一系列预防手段，这种控制方法的关键在于要采取预防措施，以尽可能降低退货率。在逆向物流成本控制的过程中，要想做好事前控制，最基础的就是应提高顾客订单的处理效率，在处理正向物流的过程中保证其操作流程的规范性，以尽可能地降低商品损耗率；另外在电子商务线上平台设置商品详细信息时，应做到用客观的文字来描述商品的特性、尺寸以及用途等具体信息，图片的放置也要尽可能地贴近实物，使顾客在购买时充分了解其所购产品，并且明白有些微小的误差是正常的现象，以降低顾客退换货的可能性；最后，还应根据不同分类下不同品类产品的特性来制定完善的退换货规则，根据产品所属的不同品类的退换货标准来处理不同类别产品的退换货申请。

（2）事中控制

事中控制针对的是在顾客提交退换货申请之后的这一时间段，电子商务企业需要迅速做出有效的补救措施。这些补救措施都具有相同的共性，即要求负责这一块的客户服务部门在接收到顾客提交的退货申请之后能够及时有效地处理好顾客的退货请求,通过高效迅速的处理能力以博取顾客对平台的好感度,从而激发顾客继续购物的兴趣。

另外,针对不同品类的产品以及不同类型的顾客,电子商务企业可以选择不同的应对策略,如由于生鲜产品的特殊性,这类商品在退货过程中必然会产生不同程度的损耗,为了尽可能避免退货过程中的损耗带来逆向物流成本的增加,需要尽可能地鼓励顾客撤销退换货申请。电子商务企业在面对不同类型的顾客以及各式各样的商品时,可以在退货方面提供有区别的物流服务,如为累积消费金额达到规定界限的顾客提供更为优质的退货体验;对其他如因破损等原因申请退换货的订单在确定情况属实后,通过合理退还一部分差价的特殊做法来安抚顾客情绪,尽可能减少顾客申请退换货的可能性,以降低逆向物流成本。这种做法虽然直观地看起来增加了少量的销售费用,但事实上因此而降低的逆向物流成本却完全能覆盖所增加的销售费用,使企业总体上获得更高的利润。

(3) 事后控制

事后控制指的是在逆向物流活动已经发生完毕的情况下,事后采取措施来加以弥补。其与事中控制非常相似的一点是,事后控制同样倾向于在提高顾客满意度上下功夫。

在退换货流程整体上已经完成的时候,逆向物流成本也必然会随之增加。然而,这并不意味着电子商务企业就不用对此采取任何措施。相反,电子商务企业应积极在其专门的内部信息系统上创设一个退换货信息记录系统,不仅收集退换货的顾客信息并加以归类分析,还可以对不同类型的顾客退换货的原因进行总结,以供电子商务平台在大量数据的支撑下探索逆向物流成本升高的症结,并对症下药优化逆向物流成本的控制。此外，在事后控制环节，电子商务企业还可以对重复购买用户的数量、新增用户对营业收入的贡献情况等方面进行分析记录并做出总结，为以后寻找控制逆向物流成本的方法时提供经验参考。

(二) 合理安排员工，提高人员性价比

1. 部分营业项目外包，合理规划人员比例

根据前面分析，很多电商平台在员工薪资福利等方面的支出金额十分庞大，对物流成本控制是相当严峻的挑战。为降低基层员工工资，电商公司可以考虑将配送服务交给专业的配送公司来进行，以期通过最低的成本获取高质量的配送服务。以百度为例，我国互联网行业的巨头百度公司虽然不需要大量的配送人员，但是需要大量的营销和客服人员，因此百度会把部分营业项目进行外包，并且通过和百度公司本身签订相应的员工条约来吸引优秀人才，以降低成本。百度公司的成功经验有值得电商公司进行借鉴之处，可通过选择合适的配送公司将配送服务外包，以最低的成本配置专业化配送人员，有利于公司内部物流体系中的人员结构趋于合理化，为减少物流成本中对于配送人员工资的输出以及对于物流成本控制中的人工成本的优化做出贡献。

2. 降低员工离职率，提高人员性价比

事实上，并非企业员工的工资较高就代表着企业具有很高的人工成本。而是要以人工成本占公司总成本的比例这个指标来进行衡量。电子商务企业，巨大的基层人员数量使得物流成本中高额的人工工资支出占了很高的比例，但是如果企业规模足够容纳这方面的工资支出，说明企业的人员成本结构仍然是健康而合理的。

(三) 建立完善的物流成本核算体系

每一家电商公司可根据自身电子商务企业的特点设置一套适合自己的物流成本会计核算体系，包括较为成熟的物流成本核算方法以及完善的成本核算流程等各个环节，从而增强其自建物流体系中的各项作业在成本核算方面的制度化和标准化。可引入时间驱动作业成本法对其自建物流体系的物流成本进行重新的归集、计算和分摊，为企业管理人员和财务部门提供科学且准确的物流成本数据。例如产能利用率低的订单处理作业，应该酌情减少部门员工数量，并采取相应的措施以保证原有效率，进而提高该部门单位产能成本利用率；而对于产能利用率高的入库作业，可以相应地增加运输车辆，进一步提高资源利用率。

第二节 冷链背景下物流成本控制

一、冷链物流的含义

冷链，即冷链物流，是一种特殊的供应链系统。常温物流只注重速度的层面，而冷链物流是冷链技术和物流技术的结合，在保证生鲜食品新鲜的前提下，快速地送到消费者手中。冷链物流是以冷冻工艺和制冷技术作为物流活动的手段，目的在于使商品从生产到销售的全部环节都能够处在规定的温度控制下，以保证物品的质量，并减少损耗。

冷链物流是一个复杂的连锁供应链，一般由冷冻加工、冷冻仓储、冷冻运输和冷冻销售四部分组成。冷链物流贯穿从原料供应商到最终消费者的整个供应链。它是随着科学技术的进步和制冷技术的发展而建立的，它是以制冷技术为基础的低温物流过程。冷链物流的要求相对较高，相应的管理和资金投入也比普通常温物流大。

二、冷链物流的特点

现代物流具有信息化、智能化、高速化、灵活性等多元特征。由于冷链物流所运输的产品存在特殊性，因此对物流质量、运输过程中的温湿度、运输时间、运输环境等均具有特殊限制和严格条件。冷链物流中包含大量错综复杂的环节，这些环节共同构成有机的系统，为实现对运输成本的控制和服务质量的改善，冷链物流供应商需要立足于顶层设计的高度，对运输过程中的各个环节进行统筹和协调，在促进信息和资源要素自由流动的同时，为各项系统的有序进行和平稳运行提供保障，实现对内部资源的组合和优化。对于冷链物流供应商而言，其各项业务的关键在于对不同特质的运输对象进行合理的分配。对比普通物流而言，冷链物流存在如下特点。

（一）运输产品容易腐蚀

由于冷链物流所运输的对象多为蔬菜水果、速冻产品等追求新鲜的易腐食品，若在运输环节中保存不当，将会出现产品腐坏的问题。一般情况下，此类生鲜食品所处的环境温度越低，其维持原有品质的时间就越长。换而言之，温度是决定生鲜食品质量最关键的因素之一。为保证生鲜食品运输至目的地时仍维持良好的外观或品质，必须将运输环境和储藏环境的温度控制在较低的水平。

（二）运输过程追求时效性

生鲜食品本身的保质时间有限，因此物流运输的时间将会对食品质量产生至关重要的影响。若运输时间过长，会严重破坏食品品质，给消费者的食用安全带来隐患。另一方面，若生鲜食品运输时间过长，虽然食品仍处于保质期内，但其外观势必会受到相应的影响，由此降低其对消费者的吸引力，使销售商产生一定的损失。这些损失源自物流运输中产生的损耗，隶属于冷链物流供应商的责任范畴。生产食品销售商为避免运输时间过长对自身造成的风险，一般在与物流商进行合作时就会以合同的形式限制运输的时间窗口。

（三）运输装备的特殊性

为保证生鲜食品的品质，冷链物流供应商必须保证食品在运输过程中处于低温环境下。为达到这一条件，冷链物流供应商需要引入特殊的低温运输设备及温度监控设备，以实现对物流全程温度的控制。

（四）运输成本居高不下、效率不足

权威统计数据显示，我国生鲜食品在运输过程中产生大量损耗，这种品质上的折损直接导致销售价格的降低。其中，冷链物流运输成本是生鲜食品销售商最主要的成本来源，这一指标远超美国、英国等西方发达国家，这突显出我国冷链物流供应商在成本管理工作上的落后。对其背后的深层原因进行分析可知，我国冷链物流供应商的经营规模有限，且在区域分布上不集中，而位于销售环节中的超市、水果店、餐饮食品经营商等也具有小规模、零散分布的特征。因此冷链物流供应商不得不承担在配送环节中维持低温环境所产生的成本。冷链物流的经营目的就在于维持生鲜产品的品质,避免在流通环节中出现不必要的品质损耗或变质问题。对比一般物流来看,冷链物流对运输设备提出较高要求,同时也面临更为错综复杂的操作流程。

(五)各环节的组织协调性

冷链物流本身是一个有机、完整的系统,不同物流环节相互衔接、相互作用。若由于某种不可控因素各个物流环节无法正常衔接,就会破坏整体系统的协调性,最终导致所运输产品无法按照规定的时间交付,加大了食品销售商和冷链物流供应商的风险。

鉴于此,对冷链物流供应商而言,必须对物流运输的各个环节进行协调和统一管理,从而实现冷链物流系统的有序进行和高效运营。与此同时,冷链物流供应商要具备预测市场需求的能力,增加物流系统所承载的信息功能,为冷链食品的高效流通提供保障。

(六)市场经营规模小、网络分散

对比西方发达国家来看,我国冷链物流产业仍处于成长阶段,多数冷链物流企业的经营规模有限,且参与市场竞争的时间较短,一般由从事冷藏运输的公司或普通物流公司演化而成,这些企业普遍存在市场占有份额低、竞争实力弱等缺陷。与此同时,我国冷链物流的基础设施建设并不完善,冷链物流公司缺乏完善的内部治理机制和科学的战略布局,由此导致市场竞争无序混乱,在国际市场中难以占据有利地位。

三、冷链物流成本的构成

冷链物流成本如果按产品的运动过程来划分,和一般的物流活动一样，可以将其成本划分为仓储成本、流通加工成本、包装成本、运输成本、装卸与搬运成本以及物流信息综合管理费用。冷链物流成本具体分为以下五个方面的内容。

(一) 存储成本的控制

为节约或尽可能地降低库存成本，我们有两种库存方式可以选择。第一种就是密切与供应商之间的合作，采取利用供应商进行库存的方式来减少我们的库存支出。这需要在选取供应商方面考虑到他的库存方式和地点是否满足我们企业的要求，是否可以为我们做出调整设计，在库存成本、资金流等方面做到双方互惠互利。另一种方式就是根据精益管理理论提出的零库存模式，买家提前发布需求信息，卖方则根据该信息制订采购计划，及时地衔接。两种方式都有益于生鲜电商农产品企业降低存储成本。

(二) 冷链产品流通加工成本的控制

我们冷链产品的流通加工成本的控制往往划分为以下三步：首先我们挑选合适的员工；然后对加工货物进行初步筛选；再对需要加工包装的产品挑选合适的包装材料。要想节约成本，每一步都应该有专人严格管控，合理安排。员工的挑选尽量选择那些熟悉操作的人员；如果是因近期某农产品销售旺季，人员不够，则可聘请一些临时工，弹性需求，但也应当派熟练人员进行适当指导。货源的好坏从根本层面决定了货物是否需要筛选，所以挑选好的信用等级供应商，是有保证的。材料的领用要填制申请单，详细记录，领导签字，包装成品有多少，与所用材料尽可能匹配，减少材料的浪费，剩余材料填制退库单。

（三）装卸搬运成本的控制

装卸搬运的货物量一般都较多，我们往往会借助机械设备的辅助作用，所以我们在买设备时应根据工人的多少、货物量的吨位合理地购买，从而最大程度地利用这些机械设备。货物的装卸搬运我们也可以做一个初步的路径和堆砌规划，节约搬运时间，提高工作效率。总之，我们就是要在借助辅助工具的同时节约人工成本，避免装卸搬运的错误行为发生。

（四）运输成本的控制

运输成本的支出占据大头，我们加强对运输成本的控制主要体现在以下两个点：车辆的运输量和运输路线的选择。前者在货物量与可运输量完美结合的情况下为最佳状态。然而万事总有不如人意，可能会有货物数量超过了车辆运输量，或是车辆较大，货物较少，存在大材小用的嫌疑。所以有时候尽量根据车辆的载重量或者近期可能的销售量来拉货，或者和相同采购地采购商拼车，节约共同的运输成本。在其他条件相同时，我们根据货源地的路况和实际线路距离来决定运输路线。路况不佳的时候，宁可选较为偏远路线来保证生鲜农产品不受损失，质量有保证。

（五）物流信息化成本的控制

生鲜农产品的全面的物流信息化是它本身与普通的农产品相比在销售配送上的制胜点。物流信息化有利于商家全面分析市场上的供求信息、顾客偏好。顾客也可以及时了解商品的具体情况和物流配送信息，互惠互利。但是其投入上成本很高，我们应当加强对资源的利用，建立信息库、制度标准，筛选出合适的信息，放弃无用信息的保存，节约信息化成本。

四、冷链物流成本控制的制约因素

(一) 没有形成节制控制物流成本的意识

在我国，生鲜农产品费用率是很高的，大家没有形成共同的意识。物流成本作为企业的第三方利润主要来源，严格控制企业的物流成本意义非凡，其可以提升企业的整体效益。我们需要培养大众的这种意识，减少不必要的物流环节成本，杜绝浪费现象，促进企业的长远发展。

(二) 收集物流成本的核算信息较难

我国幅员辽阔，地域性气候差异显著，光照雨水等不尽相同，导致生鲜农产品的生产地气候差异明显。随着经济的发展，人民生活水平的提高，人们越来越注重生活品质，喜欢吃食的多元化，从而生鲜农产品的养殖种植品种越来越多，生鲜农产品的物流配送范围越来越广。我国大部分生鲜农产品的种植养殖没有形成统一规模化，单个经营分散，不利于集中运输，造成物流分散，装卸作业的次数明显增加。这无形中给物流成本的核算信息，尤其是数据的收集与汇总加大了难度，这也是物流成本的核算信息不够充分精确的部分原因。

1. 没有形成统一的该行业物流成本的核算标准

在生鲜农产品领域里，各个企业个体户之间未制定统一的核算标准，可比度不高。农村的种植户和养殖户往往就是很随意地将相关费用记下，最后加总便可，都没有进行分类归集，不利于物流成本控制影响处的搜寻，也就无法做到对物流成本的进一步优化。

2. 在核算内容上作业细化不够全面

生鲜农产品的物流环节繁多，导致单个进行物流核算的工作量也增加，稍不留神就易发生疏漏，导致核算结果有出入。

（三）物流成本优化方面的限制

根据效益背反原则，对物流成本的优化的对象流程及优化到何种程度难以捉摸。由于在各个作业流程的物流成本之间隐藏着效益背反原则，一个流程成本的增加会导致另一个流程成本的减少，出现交替损益。

五、冷链物流成本控制的方法

根据冷链物流活动的特性，遵循成本控制的原则，在冷链物流成本的控制上应当注意以下内容。

（一）全面管理

全面管理就是企业的全部人员要对物流活动包括的各个环节、涉及的各个方面都要加以控制。全方面是指对物流活动的各项成本均应进行管理，不仅仅是对物流活动所消耗的人力物力的成本费用控制，还包括了物流信息管理费用的控制。全员控制是指不仅物流配送人员关系到成本控制，企业所有的人员上至领导下至基层员工都要有成本控制的意识，将成本控制视为自己的责任。全环节控制，是对物流的配送、储存、包装、装卸与搬运等各环节的成本控制。应通过跟踪整个物流过程，找出现有控制手段的缺陷。

（二）例外管理

成本控制还应该注意发生概率相对小但需要高度重视的情况，物流活动中的逆向物流就属于这一情况。逆向物流不仅会造成二次物流的成本费用，而且对于商品本身的损耗也不容忽视，尤其是在生鲜产品的配送上，由退换货造成的逆向物流费用会大大增加。因此企业需要通过及时的信息反馈和有效的管理，最大程度地降低由退货所引起的损失。

(三) 经济效益

需要明确的是，成本产生是为了企业能够盈利获得利润。因此我们对成本控制手段应该有所区别，对能够增值的物流环节成本和仅仅消耗成本的其他环节要有不同的态度。要按照成本和效益的配比原则，对不能产生效益的成本进行压缩，而对能够取得效益的成本要将精力集中在如何提高经济效益上，让企业获得更多的利润。

作为电子商务企业，其信息系统相对比较先进。其针对生鲜产品的冷链物流具有总量大、订单分散的特点，冷链物流成本中的间接成本占其物流总成本的比例较大，同时其冷链物流实际上由多个环节物流作业组合而成，可以考虑引入作业成本法对其进行核算。

用作业成本法对冷链物流成本进行分析和控制，可区分冷链物流活动中无价值和有价值的环节。提高有价值环节和增值环节的作业效率，减少其资源的消耗，并且放弃一些毫无价值的活动，不仅有利于确定间接费用的归属，更使得成本核算的范围更加全面和完整，向企业提供更为准确的成本信息，为企业进一步的成本管理提供依据和评价标准。

参考文献

[1] 何开伦.物流成本管理[M].武汉:武汉理工大学出版社,2007.

[2] 张述敬.物流成本管理[M].北京:中国书籍出版社,2015.

[3] 李雪松.现代物流仓储与配送[M].北京:中国水利水电出版社,2007.

[4] 曹模珍.现代企业物流成本控制分析[M].北京:中国国际广播出版社,2019.

[5] 杨头平.企业物流成本控制与优化[M].北京:知识产权出版社,2011.

[6] 陈正林.现代企业物流成本控制研究[M].武汉:中国地质大学出版社,2014.

[7] 李散绵.物流成本管理与控制研究[M].成都:电子科技大学出版社,2019.